JEAN RICHEPIN

de l'Académie française

La Clique

(1915-1916)

PARIS

ERNEST FLAMMARION, ÉDITEUR

26, Rue Racine, 26

LA CLIQUE

DU MÊME AUTEUR

A LA MÊME LIBRAIRIE

(COLLECTION IN-18 A 3 FR. 50)

Proses de guerre (1914-1915).

JEAN RICHEPIN

DE L'ACADÉMIE FRANÇAISE

LA CLIQUE

1915-1916

PARIS
ERNEST FLAMMARION, ÉDITEUR
26, RUE RACINE, 26

PRÉFACE

Clique, selon les bons dictionnaires, est un substantif féminin servant à flétrir une bande de gens qui soutiennent quelqu'un ou quelque chose d'une manière peu honorable.

Dans l'ancienne armée, la seule dont je puisse parler par expérience, ce que l'argot militaire dénommait ainsi, c'était proprement le peloton composé des clairons et des tambours.

Mais, quoi qu'en aient dit certains lexicographes spéciaux, vraiment trop ingénieux, les troupiers de jadis n'attribuaient pas du tout à cette *clique*-ci le sens infamant signalé plus haut.

Ils l'avaient baptisée de la sorte en toute ingénuité, fabriquant leur langue avec l'instinctive science du génie populaire, qui s'y entend bien mieux que les plus subtils étymologistes. Le vieux verbe *cliquer*, d'où sont issus aussi *cli-quéter* et *cliquetis*, leur avait fourni de lui-même, comme un nouvel enfant parfaitement légitime, le vocable *clique*. Puisque le verbe signifiait *faire du bruit*, il était tout naturel que la *clique* représentât le peloton de ceux qui ont pour fonction particulière de souffler dans des cuivres ou de frapper sur des peaux d'âne.

Au reste, quelle raison pouvaient-ils bien avoir, ces troupiers, de mépriser leurs clairons et leurs tambours? Aucune, en vérité! La *clique* n'était-elle point leur meilleure amie? Elle leur rendait les marches moins fatigantes; elle leur traduisait les ordres; elle leur sonnait et battait la diane, la soupe, l'extinction des feux, la charge, le salut au drapeau; sans compter qu'après la bataille, elle ramassait les blessés et leur donnait les premiers soins, devenue comme l'avant-courrière du repos à l'ambulance.

Aussi n'avait-on pas honte de lui appartenir, à la *clique!* Bien loin de là! Ainsi, par exemple, en ce qui me concerne, ce n'est pas sans une petite fierté qu'il me souvient d'en avoir fait partie, quand j'étais enfant de troupe, élève-tambour, au 82e de ligne. Mais oui, monsieur!

Ah! qui m'eût dit alors que je devais, après un demi-siècle augmenté d'un lustre, y re-

...ndre rang avec la barbe blanche, dans cette *clique!*

Et n'est-ce pas, cependant, ce que je fais tant bien que mal, mais à plein cœur, depuis tantôt trente et un mois, au cours des sonneries et des batteries dont se compose le présent livre, suite aux *Proses de guerre?*

Et c'est bien pourquoi, dussé-je passer pour un argotier incorrigible, je n'ai point renâclé devant ce titre : *la Clique.*

Que si d'aucuns lui font la petite bouche, et veulent s'en tenir, en fait de *clique*, au seul sens français donné par les bons dictionnaires, soit! Le mot a de quoi les satisfaire quand même.

Aux oreilles de qui corne-t-il, en effet, le *taratantara* de nos cuivres? Sur quelles peaux d'âne ronflent-ils, le *ra* et le *fla* de nos baguettes? Aux oreilles et sur les peaux de ceux dont on a bien le droit, et même le devoir, de dire :

— Bonnot et sa *clique!* Le Kaiser et sa *clique!*

Et te voilà donc dûment et pleinement justifié, qu'en penses-tu, titre?

J. R.

LA CLIQUE

(Juin 1915 — Août 1916)

---

24 juin.

I

Le cri de la terre.

Chez nous, quand notre bien-aimée maman la Terre a besoin de ses enfants, le cri pour les rallier autour d'elle, pour les appeler à son secours, c'est la Terre elle-même qui le pousse.

Et non pas comme un râle étranglé par les affres de la peur, fût-ce aux heures les plus menaçantes, les plus angoissantes, fût-ce à l'une de ces minutes quasi suprêmes où elle peut croire sa vie en péril. Jusque dans ces minutes-là, son cri de mère sait rester doux, sans affolement, et parfois même ressembler à un sanglot qu'étouffe un sourire, afin que ses chers petits n'en aient pas le cœur chaviré.

Rappelez-vous les premiers jours de sep-

tembre, quand elle était déjà prise à la gorge par
l'attaque brusquée de la monstrueuse Bête,
quand elle en sentait les crocs tout prêts à la
mordre au cœur, à ce cœur qui est Paris ! Rappelez-vous ! Rappelez-vous !

Certes, alors, elle avait bien le droit de s'affo-
ler, la pauvre maman, et de le pousser comme
un râle, son cri d'appel au secours, comme
le râle d'une agonie que la Bête flairait avec
joie et annonçait avec orgueil au monde entier
terrorisé.

Et cependant, même alors, même dans cette
minute quasi suprême, le cri qu'elle poussa vers
ses enfants, notre brave maman bien-aimée, la
Bête n'en put concevoir ni joie ni orgueil. Car
ce ne fut pas un cri de peur et de désespoir.

Ce ne fut pas seulement un sanglot qu'étouffe
un sourire. Osons le proclamer à la louange de
Paris, ce fut, sans plus, cette chose indéfinis-
sable, et que jamais l'Allemand ne comprendra,
et que Paris appelle, précisément, le *sourire*.

Car, pour le coup, et en l'honneur de la cir-
constance exceptionnelle, cette fois-là, ce n'est
pas la Terre elle-même qui poussa le cri ; elle le
fit pousser par une de ses voix, par la plus
futée, par la moins affolée et la moins affolante,
par celle des petits pierrots parisiens.

Rappelez-vous, bons Parigots qui n'aviez point quitté le cœur de la France, rappelez-vous quel tapage faisaient dans nos arbres tous nos gavroches ailés, à voir passer les taxis chargés de soldats en route vers l'Ourcq, et les camelots à bicyclettes portant du tabac aux combattants de la Marne ; et apprenez, si vous ne le saviez pas, que tous ces gais piaillements des moineaux de Pantruche, c'était le cri de la Terre, de notre maman bien-aimée qui faisait de ses enfants les enfants du miracle.

Voilà une des façons qu'elle a de pousser son cri d'alarme, notre Terre, et comment elle le pousse, quand elle veut, son cri de rescousse, tout à la douce, avec le *sourire*, ce qui ne l'empêche pas de se changer le lendemain en un retentissant cri de victoire.

Et de même elle crie, encore aujourd'hui, toujours sans affolement, ni angoisses, ni affres quelconques, à propos des canons et des munitions qui demandent un nouveau miracle. On le fera. On est en train de le faire, celui-là aussi. L'antique Évangile a connu la multiplication des pains. Nous allons réaliser la multiplication des obus.

Chez nous, en effet, la Terre n'a qu'à parler, à crier vers ses enfants, même par la voix de ses enfants, et ses enfants sont thaumaturges.

Que dis-je ? Ils n'attendent pas que la Terre leur demande quelque chose. Ils devinent son désir. Ils le contentent avant qu'elle ait eu le temps de l'exprimer. En voulez-vous la preuve ? Écoutez plutôt.

Chez eux, là-bas, chez les enfants de la Bête, quand la Terre a besoin d'eux, c'est par la voix d'un vilain oiseau qu'elle pousse le cri d'alarme, par la voix de leur Kaiser. Vous avez lu son ordre du jour aux écoliers germains mis en vacances pour aller travailler aux champs :

Le sillon est votre tranchée. Les pommes de terre que vous sèmerez sont vos munitions, et la mauvaise herbe est l'ennemi que vous devez exterminer radicalement.

Et vous avez lu aussi la proclamation hanovrienne où l'on commente l'éloquence du Surhomme à la manque, lequel ne peut gesticuler que d'un bras :

Au mois d'août dernier, on mobilisa les soldats; aujourd'hui, on mobilise les enfants. Vous savez bien que nous n'aurons rien à manger en automne et en hiver si nous ne cultivons pas les champs en été. Mais cela n'arrivera point, puisqu'on vous mobilise. L'Empereur vous donne des vacances pour vous permettre d'aider votre mère à cultiver votre champ pendant que votre père se bat.

Écouteront-ils le cri de leur Terre, poussé par leur Kaiser, les enfants de la Bête ? Planteront-ils assez de pommes de terre pour que l'Allemagne ne crève pas de famine ? Je l'ignore.

Mais ce que je sais bien, c'est que, chez nous, notre bien-aimée maman la Terre n'a pas eu à le pousser, ce cri d'appel. D'eux-mêmes, ses petits, jusqu'aux plus petits, et tous ses enfants jusqu'aux plus vieux, bref tous ceux qui n'ont pas la joie de se battre là-haut, tous, tous, avec les sœurs, les épouses, les mères, les grand'mères, tous ils ont travaillé, sans que personne ait eu besoin de le leur dire, à mettre la Terre en état, en semence, en germe, en pousse, en splendeur.

Jamais les champs n'ont été mieux soignés, avec plus d'amour et de vénération. On a voulu que les pères et les frères, en revenant, eussent la joie de trouver la bien-aimée maman plus belle encore qu'ils ne l'avaient laissée, plus riche encore que ne la rêvaient leurs rêves les plus ambitieux.

Les foins sont faits, fanés, et embaument. Les seigles sont en or. Les blés drus auront des grains innombrables. Les pommes de terre s'engraissent dans le sol. Toute la glèbe se hérisse et se gonfle de trésors.

Et un morceau d'elle, devenu oiseau, un oiseau divin, celui-là, l'alouette gauloise, trille et tire-lire éperdument dans l'azur, baignée de soleil, ivre de joie, puisqu'elle est la joie de la Terre elle-même, de notre Terre dont elle est l'âme, de notre bien-aimée maman la Terre, poussant par elle ce grand cri dans lequel communiera demain toute l'humanité délivrée :

« Vive la France ! »

1er juillet.

II

Représailles.

Leur rendre *tout* le mal qu'ils ont eu l'atroce courage de faire ? Est-ce donc vraiment cela qu'il signifie, le mot implacable de *représailles* ?

Non, bien sûr. Car cet atroce courage, le seul courage réel qu'ils aient, en somme, ce courage de bêtes fauves, il nous est interdit par notre nature même, par tant de siècles où s'est peu à peu enrichie cette nature, par toute la civilisation accumulée en nous, par tous les sentiments toutes les idées qui constituent notre âme, seule digne d'être appelée une âme humaine.

Même si la logique imposait à notre cerveau une conclusion dictant de complètes représailles, notre cœur ne pourrait l'admettre. Il se soulèverait d'horreur devant une telle nécessité. Il la trouverait dégradante. Il nous empêcherait de retomber au degré d'inconscience bestiale qu'il y faudrait.

Et c'est bien parce qu'ils le savent, les monstrueux gorilles, c'est uniquement pour cela qu'ils s'entêtent dans leur monstruosité. Leur plus grande force vient de la certitude absolue où ils se carrent, touchant notre impuissance à appliquer la loi du talion.

N'y a-t-il pas moyen, cependant, de la leur appliquer, de leur en donner tout au moins l'angoisse, la menace, le frisson terrifiant et vengeur, et sans que notre cœur en souffre ? Je crois que si.

La preuve qu'on le peut, c'est que déjà on l'a fait, et que tout de suite et à fond le coup a porté. Leur Kaiser en personne n'a point su en retenir l'aveu. Son accès d'indignation contre la *méchante* attaque de nos avions sur Carlsruhe, criait éperdument :

« Touché ! »

Des coups de ce genre, voilà ce que nous avons le droit, et le devoir, de multiplier désormais, sans relâche et sans le moindre remords, ne fût-ce qu'à titre de simple avertissement, et pour affirmer jusqu'où nous saurions aller en cas de légitime défense.

D'autres coups encore, et de pires, sont à imaginer, dont l'effet serait foudroyant, dont la leçon serait impérieusement et immédiatement profitable, sur ces brutes prêtes à s'agenouiller devant toute manifestation écrasante de leur idole la Science.

Oui, je le reconnais, ce n'est qu'un poëte, un rêveur, qui parle. Mais le poëte est quelquefois aussi un prophète. Et, d'ailleurs, ce qu'il se contente de rêver, il n'en faut souvent pas davantage, pour qu'un Savant le réalise. Les sous-marins et l'aviation ne sont-ils pas nés de tels rêves? Je n'hésiterai donc pas à dire celui-ci.

Supposez un nouveau gaz, inventé par un de nos chimistes, lesquels furent les maîtres incontestables des leurs, et restent, en conséquence, capables d'une invention pareille. Ce nouveau gaz aurait pour fonction de répondre à leurs bombes asphyxiantes.

Ils ont osé soutenir, eux, avec l'épaisse ironie qui les caractérise, que leurs bombes étaient *humanitaires,* que l'on souffrait moins à être tués par elles que par les obus de notre 75 ou par les baïonnettes de nos soldats.

Eh bien! nos bombes au nouveau gaz feraient mieux encore : elles ne tueraient même pas. Elles pousseraient *l'humanité* jusqu'à se contenter, ces douces bombes, ces innocentes colombes, de semer la paralysie ou la cécité, sans plus. Elles seraient des bombes tellement bienfaisantes que l'on aurait envie de leur décerner des prix Montyon.

Oh! s'ils les possédaient, eux, ces bombes au nouveau gaz, paralysant ou aveuglant, nul doute qu'ils en feraient, à l'instant même, le plus triomphal usage, non seulement contre nos soldats, mais contre nos vieillards, nos femmes, nos enfants, nos blessés, nos malades.

Et ce leur serait même une splendide occasion d'ironiser encore à propos de leur *humanité* spéciale, consistant cette fois en une charité véritable et touchante envers tant de souffrants auxquels ils épargneraient ainsi toutes les abominations de la guerre. Du coup, leur Maximilien Harden trouverait sans doute que cette *humanité* devient de la *sensiblerie,* voire de la *sensiblarderie* ; car il a une sorte d'esprit, le bougre!

Mais nous autres, qui n'avons pas cette sorte

d'esprit-là, nous ne ferions de nos bombes ni cet usage triomphal, ni ces plaisanteries lourdement féroces.

Et voici, tout bonnement, ce que nous en ferions, simples hommes, et vrais hommes, que nous avons l'honneur d'être, nous autres.

Un de nos allègres aviateurs s'en irait, avec son allégresse habituelle, semer deux ou trois de ces bombes là-bas, chez eux. Oui, je dis bien, ne vous en déplaise : *avec son allégresse habituelle.* Car, pourquoi s'en départirait-il, ayant conscience d'agir en toute loyauté, en toute sincère humanité?

Ce n'est pas, en effet, sur d'innocentes victimes qu'il jetterait ces abominables engins, sur des femmes, des enfants, des blessés, des malades. Il s'arrangerait même de façon à n'en pas atteindre des soldats ennemis, pour bien montrer qu'il répugne à les vaincre de la sorte.

Il viserait quelque troupeau de bœufs, de moutons ou de porcs, voués au trépas comme futurs comestibles. Il en ferait des bêtes paralytiques ou aveugles. Après quoi l'on dirait à l'Allemagne :

« Si vous ne cessez pas dès cet instant votre guerre infâme, voilà par quoi nous y répondrons demain. »

Au cas improbable où l'avertissement resterait infructueux, un second avis serait donné, cette fois au détriment d'un état-major de chefs responsables, frappés ainsi par une juste punition.

Pensez-vous que les lâches ordonnateurs des forfaits germaniques oseraient continuer leur jeu de bombes asphyxiantes soi-disant *humanitaires*? Je ne le pense point. A preuve le cri d'alarme poussé par le Kaiser après le raid sur Carlsruhe.

Que si, malgré tout, ils persévéraient dans leur barbarie, une troisième et *suprême* manifestation de représailles s'imposerait, dont ils seraient eux-mêmes, contre eux-mêmes et leurs esclaves, les seuls coupables. Et alors....

Mais c'est un rêveur qui parle, un chimérique, un fou, qui s'amuse sinistrement, n'est-ce pas, à se donner des airs de bête féroce?

Eh! Eh! Savoir!

III

Trop de tout.

Eh bien! oui, voilà qui est entendu! Puisque cette guerre l'exige, nous nous conformerons à sa nouvelle exigence. Et ce sera de plein cœur et avec allégresse, puisque nous avons l'implacable et unanime vouloir, nos alliés et nous, de vaincre complètement et absolument.

A ce vouloir nous sacrifierons ce qu'il faudra, sans hésitation, sans marchandage. Et non seulement notre sang, notre or, nos ressources, nos énergies, mais jusqu'aux plus vieilles et aux plus chères habitudes de notre raison et de notre cœur.

Qu'importe un changement de plus dans notre façon de concevoir et de faire la guerre? Nous avons su nous en imposer tant d'autres déjà!

N'a-t-on pas demandé à nos soldats français, célèbres dans l'histoire par leur furie offensive, par leur irrésistible *en avant*, de se terrer, de se muer en taupes, de devenir tenaces, patients, troglodytes? Ne l'ont-ils pas été pendant dix longs mois, à l'admiration du monde entier? Ne les a-t-on pas vus et ne les voit-on pas encore, grignoter mètre par mètre le mur bétonné de la forteresse où s'accroche à notre sol la vermine allemande ?

N'a-t-on pas demandé aux Anglais, à ce que le Kaiser appelait dédaigneusement leur *misérable petite armée*, le gigantesque effort de lever, d'équiper, d'instruire, d'encadrer, dans une population purement civile, parmi des commerçants, des ouvriers, des bourgeois, les deux millions de soldats qui sont prêts maintenant à donner toute sa pesanteur au dernier coup de massue ?

N'a-t-on pas demandé aux Russes, et n'ont-ils pas accepté avec joie, l'abolition de la *vodka* consolatrice ? Ne les a-t-on pas chargés de cette besogne obscure et formidable, qui consiste à retenir là-bas, par le flux et le reflux de leur inépuisable marée, la moitié, sinon davantage, des bandes germaniques ? N'y font-ils pas bien, là-bas, tout ce qu'ils peuvent et doivent faire, se battant à coup de triques lorsqu'ils manquent de munitions, et décimant ce qui reste de la fameuse garde prussienne, et tuant deux fois plus d'hommes qu'ils n'en perdent, et reconsti-tuant sans fin le plein de leurs régiments qui infligent ainsi aux Austro-Boches des saignées irréparables ?

N'a-t-on pas demandé aussi à nos frères latins d'Italie leur entrée dans le jeu mortel, et n'y ont-ils pas apporté leur vie, active, brillante, à la voix d'un poète, et empanachée de victoires comme ses strophes le sont d'images ?

N'a-t-on pas demandé aux infatigables Serbes de recommencer la lutte qu'ils soutiennent, eux, depuis quatre ans ? Et ne sont-ils pas sur le point de s'enfoncer, ainsi qu'un poignard de grâce, dans le flanc de leur vieille ennemie l'Autriche, qui halète, et va choir à genoux ?

Et, enfin, n'a-t-on pas, et dès le premier jour, à la sublime Belgique et à son roi en qui elle s'incarne, demandé tout ? Ou plutôt, n'a-t-elle pas tout donné, sans même qu'on le lui demandât ?

Alors, qu'importe ce que l'on peut nous demander encore, ce qu'elle exige de nous devant sa nouvelle exigence, cette guerre dont nous *tenons le coup* le plus dur, depuis onze mois pleins, et avec une foi toujours grandissante en la victoire finale, et avec une certitude, s'affirmant de plus en plus, d'arriver à la terminer, cette guerre, par sa conclusion logique et fatale, qui est l'anéantissement du monstrueux rêve germanique ?

Ce que l'on nous demande, c'est un redoublement de patience et d'effort, c'est de penser, de vouloir et d'agir comme si cette guerre n'était

…nt bientôt à son terme, c'est-à-dire, en somme, …e penser, de vouloir et d'agir comme nous …rions dû le faire avant de la commencer.

Ce que l'on nous demande, enfin, c'est de renoncer à nos vieilles habitudes, si chères, mais …i dispendieuses, d'insouciance et de perpétuelle improvisation. Ce que l'on nous demande, c'est de nous dire :

« Malgré toute notre certitude, faisons ce que nous ferions sans elle. Plaçons-nous résolument devant l'hypothèse, quelque invraisemblable qu'elle puisse nous paraître, d'une guerre qui en est à son début seulement. Forçons-nous à imaginer qu'une campagne d'hiver sera nécessaire, et préparons-la. Et que cela ne nous suffise pas encore! Préparons davantage. Préparons au delà des prévisions les plus lointaines. Préparons tout. Préparons trop. »

Oui, le vrai, le seul mot d'ordre à nous donner aujourd'hui, c'est celui-là. Sans doute, il est contraire à tous les arguments que semble nous dicter notre raison, et même à toutes les réalités en quoi semblent près de fleurir les rêves de notre cœur. Mais, tant pis! C'est à ce mot d'ordre, à celui-là uniquement, qu'il faut nous rallier et obéir.

Sachons y forcer, y plier, coûte que coûte,

notre tempérament, notre caractère, même notre espérance. Tout ce qui nous a manqué depuis onze mois, ayons-le, et à l'excès. Ou plutôt, assurons-nous dans ce ferme propos : qu'il ne peut pas, là-dessus, y avoir d'excès. Telle est la consigne de la nouvelle exigence, que nous devons nous imposer avec allégresse.

La sagesse classique nous disait, dans l'adage grec : *Méden agan*. Elle nous répétait, dans l'adage latin : *Ne quid nimis*. Elle nous rebattait les oreilles, dans l'adage français, de son fameux : *Rien de trop*. Abolissons le souvenir de tout cela, que nous remplacerons par l'adage de demain : *Trop de tout !*

Oui, si absurde que cela nous semble, quelque répugnance qu'y apporte notre légèreté confiante, quand même on nous prouverait par $a + b$ que tant de précautions sont vaines, prenons toutes ces précautions, prenons-en plus qu'il n'est nécessaire, prenons-en trop ! Ayons trop d'or, trop de vivres, trop de vêtements, trop d'abris, trop d'armes, trop d'hommes, trop de munitions, trop de wagons, trop d'ambulances, *trop de tout*, enfin.

Et puisque nous ne pouvons rien faire qu'en souriant, sourions du moins en faisant ainsi plus que tout, en ayant *trop de tout*, sourions à l'idée e pouvoir terminer cette guerre en disant, le pied sur notre ennemi abattu :

« Nous avons de quoi faire la guerre encore pendant dix ans, s'il le fallait ; c'est ce qui nous permet de proclamer qu'elle est close, définitivement close, à jamais close. »

Ainsi, et non autrement, s'accomplira la prophétie de Michelet, annonçant qu'au xx⁰ siècle la France *déclarerait la paix au monde.*

---

15 juillet.

IV

La nouvelle Bastille.

La vieille Bastille, celle dont notre fête nationale commémore la prise, n'avait déjà plus guère, à l'heure bénie de sa ruine, que la valeur d'un symbole.

La nouvelle Bastille, celle dont la masse de construction récente se dresse devant nous, celle que nous avons aujourd'hui à détruire, elle est un symbole aussi, mais combien plus redoutable que l'autre ; et elle est en même temps la plus hideuse des réalités.

Ce qu'elle représente, ce n'est pas une tyrannie passée, agonisante à demi, près de s'écrouler

au vent du souffle populaire ; c'est l'oppression
forte, organisée, en pleine vigueur, de l'avenir
lui-même incarcéré dans la Barbarie triomphante.

Si cette nouvelle Bastille devait demeurer debout, l'Humanité entière l'aurait pour abominable
prison.

Et c'est bien de quoi elle la menace, dans la
hideuse réalité de ses murailles colossales, dans
son orgueil de forteresse qui se proclame imprenable, et qui a toutes les apparences de l'être,
au point que la pauvre Humanité nous trouve
fous sans doute de ne point renoncer à en faire
le siège.

Mais nous nous obstinerons dans notre belle
et noble folie, ô pauvre Humanité, n'en doute
pas. Et nous prouverons, aux neutres les plus
neutres, que cette folie est la suprême sagesse.
Et nous saurons prendre la nouvelle Bastille
comme nous avons su prendre la vieille.

Pourquoi, ô pauvre Humanité ? Pourquoi, ô
tristes muets qui ne vous décidez pas à parler
enfin, puisque vous en avez le droit et le devoir ?

Pourquoi ? Parce que ce droit et ce devoir, non
seulement de parler, mais d'agir, mais de combattre, et malgré vous, et à votre profit, et au
profit de l'Humanité, nous les revendiquons et
ne cesserons jamais de les revendiquer, nous,

es démolisseurs de la vieille Bastille, qui voulons être aussi les démolisseurs de la nouvelle.

Pourquoi ? Parce que nous savons que le souverain bien est d'être libres. Parce que nous ne
pouvons concevoir la vie dans l'esclavage, pas
plus moral que matériel. Parce que nos quatre
mille ans de culture humaine, de civilisation
fleurissant par la justice, la lumière, la charité,
l'amour, nous défendent impérieusement de nous
mettre à plat ventre devant la Force qui n'est
que la Force.

Aussi a-t-elle beau se dresser dans sa réalité
hideuse et formidable, la nouvelle Bastille, celle
de l'hégémonie germanique décidée à nous in-
carcérer, et, avec nous, tous les peuples, derrière
les murailles soi-disant imprenables de la Barbarie prétendue triomphante. Quelque férocité
qu'elle y apporte, nous y en apporterons autant,
s'il le faut, puisque notre droit et notre devoir
l'exigent.

Déjà les plus doux d'entre nous, fût-ce parmi
les songeurs d'un pacifisme désormais criminel,
ont consenti à certaines dures représailles. Ne
me suis-je pas fait traiter de sauvage, moi, l'ami
des pires gueux, en rêvant tout haut de tel nouveau gaz qui sèmerait la paralysie et la cécité ?
Non seulement sous forme de rêve chimérique,

mais sous les espèces de réalités chimiques, électriques ou autres, on fera mieux encore, si c'est nécessaire, que Bonnot le sache !

Car Bonnot ne peut tout de même pas garder la sécurité d'agir seul en Bonnot qu'il est, contre la Terre entière, sans que la Terre se résigne enfin à lui rendre un peu la monnaie, l'atroce monnaie, de ses pièces scélérates !

Si le peuple-Bonnot n'est pas content, ce jour-là, comme le Kaiser-Bonnot quand nos avions ont bombardé Karlsruhe, à cet outrecuidant Bonnot on rappellera le mot d'Alphonse Karr sur l'abolition de la peine de mort :

« Que messieurs les assassins commencent ! »

Car il y a une chose, en somme, dont il faut que Bonnot, Kaiser ou peuple allemand, soit bien convaincu désormais, et qu'il se répète matin et soir après sa prière à son vieux dieu : c'est que sa nouvelle Bastille n'est pas imprenable, et que nous la prendrons.

Ce sera plus dur que de prendre la vieille, celle qui n'était plus guère qu'un symbole ; mais ce sera encore plus glorieux, et combien plus utile et combien plus important pour le monde entier, puisque avec un symbole une réalité s'écroulera, dont le monde entier risquait d'être la victime.

Aujourd'hui 14 juillet, anniversaire du jour où fut prise la vieille Bastille, rappelons-nous quelle prison apprêtait à la France la Bastille nouvelle. Relisons ensemble ce que les Allemands ont appris par cœur, contre nous, dans les fameux *dix commandements du comte Bernstorf*, et ce qu'ils prophétisaient de nous imposer. Nous aussi, nous devons savoir cela par cœur.

I. — *Ils nous prenaient toutes nos colonies, y compris la Tunisie, l'Algérie et le Maroc.*

II. — *Ils nous prenaient un quart de la France, et quinze millions de Français.*

III. — *Ils nous faisaient payer une indemnité de dix milliards.*

IV. — *Ils nous infligeaient un traité de commerce avec franchise absolue pour les marchandises allemandes, sans réciprocité, pendant vingt-cinq ans.*

V. — *Ils supprimaient notre recrutement militaire pendant vingt-cinq ans.*

VI. — *Ils démolissaient toutes nos forteresses.*

VII. — *Ils nous obligeaient à leur livrer trois millions de fusils, trois mille canons et quarante mille chevaux.*

VIII. — *Ils supprimaient tous les droits de patente pour les brevets germaniques pendant vingt-cinq ans, sans réciprocité.*

IX. — *Ils nous forçaient à rompre toute alliance avec l'Angleterre et la Russie.*

X. — *Ils nous imposaient une alliance de vingt-cinq ans avec eux-mêmes.*

Et voilà ! Comme dit l'autre, excusez du peu ! Voilà quelle honte, quel ignoble esclavage, quel cachot de torture et d'agonie, quel monstrueux *in-pace* réservait à la France vaincue la nouvelle Bastille qui dresse devant nous son symbole de tyrannie, et la hideuse réalité de sa prison incarcérant tout l'avenir.

Et nous manquerions de cœur pour la détruire, cette nouvelle Bastille ! Et nous n'en pousserions pas le siège et l'assaut jusqu'aux suprêmes efforts, jusqu'à notre dernière cartouche, jusqu'à la dernière goutte de sang qui bat la charge dans nos veines ? Allons donc ! Mais le plus neutre des neutres serait incapable d'une telle lâcheté. Alors, quoi ?

Vous voyez bien, ô neutres, tu le vois bien, pauvre Humanité pour qui nous luttons, tu ne peux pas en douter, ô monde qui nous regardes, tu en es certain, ô destin, qu'elle doit crouler, la nouvelle Bastille.

C'est pourquoi, aujourd'hui 14 juillet, anniversaire du jour où fut prise la Vieille, nous jurons que celle-ci aussi sera prise, détruite, rasée de fond en comble, et qu'il n'en restera plus pierre sur pierre, et que le souvenir exécré en sera lui-même aboli à jamais, et que nous l'anéantirons à n'importe quel prix, et que la prise de la Bastille deviendra ainsi dans l'avenir, non seulement une fête nationale pour la France, mais une fête mondiale pour l'Humanité.

————— •

22 juillet.

V

L'heure de la Roumanie.

Est-elle donc près de sonner, comme a sonné déjà, d'un si beau son faisant vibrer jusqu'au fond tous nos cœurs, l'heure italienne?

Est-elle vraiment près de sonner, elle aussi, l'heure roumaine, enfin?

Pour le coup, après une si longue, trop longue attente, il y a tout lieu de le croire, et sans déception probable désormais.

N'entend-on pas, dans le mécanisme de l'horloge, ronfler à petit bruit le murmure avant-coureur du déclic décisif qui va mettre en marche la sonnerie? Prêtez plutôt l'oreille. On ne saurait s'y tromper.

Bénie soit, une fois de plus, l'inépuisable fécondité de la bêtise allemande! Ce qui aura déclanché la sonnerie de l'heure roumaine, c'est ce nouveau coup de gaffe germanique : l'insolent *ultimatum* sommant Bucarest de laisser passer les secours de Berlin à Constantinople.

Il y a tout de même une limite à la complaisance des neutres, une limite au delà de laquelle cette complaisance devient la plus claire, la plus honteuse, la plus lâche complicité. La Roumanie, notre sœur latine du Danube, ne pouvait cependant pas franchir cette limite, et pousser la neutralité jusqu'à la trahison!

Car elle l'est bien réellement, notre sœur latine, et elle s'en fait gloire, et elle tient à rester telle, et elle sait de reste, et proclame, qu'il n'y va pas de sa gloire seule, mais qu'il y va aussi de son intérêt, de tout son passé, de tout son avenir, de sa vie elle-même.

Pousser sa neutralité jusqu'à la trahison que l'Allemagne lui demande, ou plutôt lui commande, ce serait, pour la Roumanie, plus encore que nous trahir, ce serait trahir surtout la Roumanie.

De cela, personne au monde ne doute, je ne dis pas à Paris, ni à Londres, ni à Pétrograd, ni à Rome, mais je dis à Bucarest aussi, et chez les

...udiants comme parmi les plus hauts intellec-
...ectuels. Il n'y a pas jusqu'au dernier des paysans
...oumains qui n'en ait la certitude, ne fût-ce que
par l'obscur et impérieux atavisme du sang latin
roulant dans ses veines depuis Trajan.

D'aucuns m'en ont rendu témoignage, parlant
à ma personne, en des mots plus proches que les
nôtres de la langue où écrivaient Virgile et
Tacite. Telle de leurs chansons populaires a
gardé toute la sobre élégance dont Catulle et
Horace signaient leur odes.

Et l'on voudrait que ces gens-là pussent nous
trahir, et se trahir, en aidant les Barbares contre
qui leurs premiers aïeux ont servi de rempart à
la Civilisation ! On les jugerait capables de déser-
ter le poste où cette Civilisation les a mis en
sentinelles d'avant-garde opposées à la Barbarie,
voilà dix-huit siècles ! Allons donc !

Et ne pas m'objecter, je vous prie, que ce sont
là des phrases oratoires, auxquelles se complaît
et se leurre mon *humanisme*. Non, certes ! Sous
cette rhétorique palpitent des réalités vivantes ;
et ma passion pour les *humanités* ne me fait pas
oublier un seul instant que je suis et que nous
sommes tous dans l'humanité d'aujourd'hui.

C'est en Roumanie même, où j'ai passé, parlé,
interrogé, senti battre à l'unisson de mon cœur

le cœur roumain, c'est en pleine communion de pensée avec la pensée roumaine, c'est donc bien sans aucun artifice littéraire, mais au contrôle raisonné de l'observation, que j'ai pris conscience de notre parenté. Je ne m'amuse pas à une image, j'énonce bel et bien un fait, quand j'appelle la Roumanie notre sœur.

Que ceux-là me donnent un démenti qui ont été reçus à Bucarest par cette hospitalité tout ensemble si large et si fine, j'oserai même dire si caressante ! Ne s'y sont-ils pas trouvés comme en famille ?

A se promener, badant et bavardant, le jour sur la chaussée Kisselef qui évoque notre avenue du Bois, la nuit dans la rue de la Victoire qui ressuscite notre Boulevard de jadis, ne s'imagine-t-on pas être chez nous, en plein Paris, et parmi des Parisiens ?

Dans les restaurants, les cafés, les boutiques, tout le monde parle français. Beaucoup de petites gens, même. La plupart, qui n'osent pas s'y risquer, du moins le comprennent. On n'est pas à l'étranger.

Quant aux auditoires qu'on a, dans des théâtres splendides, dans des salles comme le Pompilian ou l'Athenœum, contenant quatre mille personnes, peut-on en rêver de plus attentifs, de mieux avertis? Notre littérature leur est aussi connue que la leur. Aucun de nos génies qui ne leur soit cher. Nulle nuance de pensée ou de verbe ne leur échappe. On parle comme à des amis, et d'amis.

Et quand on s'en va, n'est-ce pas avec des amitiés nouvelles au cœur, en effet, et en regrettant de les quitter si tôt, et en espérant qu'on retournera les chercher là-bas, ou qu'elles viendront se renouer ici? N'est-ce pas, tout compte fait, je le répète, de la famille qu'on y a trouvée, et que l'on désire retrouver?

Aussi l'a-t-on retrouvée. Rappelez-vous la belle et réconfortante manifestation franco-roumaine que présida, il y six mois, Paul Deschanel, dans ce banquet offert à une mission de Bucarest, et où furent prononcées de si graves paroles, où furent même pris, presque officiellement, affirmons-le, de si solennels engagements!

Voici ce que disait le Dr Jean Cantacuzène, entre autres choses :

L'histoire de la renaissance roumaine est liée à celle de l'influence française dans notre pays.... Nous aimons la France d'un amour que les accidents de la politique ne sont jamais parvenus à atténuer, et qui crée pour nous, envers vous, une dette de reconnaissance éternelle.

Et voici ce que disait le chef de la mission, M. Georges Diamandy, député, président de la Société des Gens de Lettres roumaine :

Ce n'est ici ni le moment ni le lieu de vous dire ce que fut et ce qu'est la politique étrangère de la Roumanie Qu'il me suffise de vous rappeler que nous attendons l'heure présente depuis près de deux mille ans. Vous comprendrez alors quel est notre idéal national et aux dépens de qui il se réalisera.

Et il disait encore, en certifiant qu'il exprimait l'opinion de tout son peuple :

En dehors de notre idéal national, et même s'il avait été réalisé, nous ne voyons pas comment un peuple aujourd'hui pourrait rester indéfiniment neutre sans être exposé à déchoir.

Eh bien! mon cher Diamandy, puisque je suis de ceux dont la foi en votre peuple, en notre sœur latine du Danube, est restée toujours inébranlable, malgré la longue attente que vous nous avez imposée, moi qui sais par quelles immondes mais puissantes manœuvres allemandes certains de vos politiciens laissent encore engluer la decision de ce peuple qui nous aime, et que nous aimons, permettez-moi de vous affirmer que ce peuple, s'il reste encore neutre après l'*ultimatum* de l'Allemagne, se condamne cette fois à déchoir, et répondez-moi qu'elle va enfin sonner, l'heure roumaine.

Il est temps encore, mais il n'est que temps.

———

29 juillet.

VI

Leur paix.

Car c'est bien de leur paix, en somme, toujours et uniquement de celle-là, que l'on nous parle !

Comment en douter ? Raisonnons plutôt, avec tout le sang-froid possible.

De quelque masque, cette paix, que l'on couvre son visage, on voit à plein qu'elle est leur paix, à eux seuls, rien qu'à eux.

Quel est, en effet, son signe particulier, à ce visage, signe écrit en lettres si kolossalement majusculés, qu'elles emplissent tout le passeport de la fameuse paix voulant pénétrer chez nous ?

Ce signe particulier, c'est qu'elle doit être une paix honorable.

Or, par qui, s'il vous plaît, a-t-elle été qualifiée de la sorte ?

Par eux, ou par nous ? Par eux.

Voilà qui suffit. Nous sommes éclairés. Cette paix dont on nous parle, elle ne peut pas être la nôtre. Elle est bien la leur, la leur à eux, à eux seuls, rien qu'à eux.

Le plus bouché des Boches n'aurait point, lui-même, la stupidité de demander pourquoi nous devons conclure ainsi. Son cerveau s'ouvre tout de suite à l'évidence de cet énoncé irréfutable :

Il est contradictoire et absurde qu'une paix quelconque soit honorable à la fois pour eux et pour nous.

Quant à un cerveau d'homme ordinaire, du plus simple, du plus humble, jugeant les choses sans parti pris, il n'aura nulle peine à reconnaître qu'une paix honorable pour eux serait, par cela même, absolument déshonorante pour nous.

Et quant à nous, qui avons aussi, je pense, voix au chapitre, nous avons depuis longtemps décrété, la logique impérieuse nous y forçant, que la seule paix honorable pour nous sera celle qui sonnera pour eux le définitif *in-pace*.

Alors, quoi ? Comment quelqu'un au monde a-t-il encore l'audace, aussi insolente que vaine, de nous rebattre les oreilles avec ces propos de paix où nous ne pouvons, ni ne devons, ni ne voulons rien entendre ?

Et cependant, voici qu'on nous en parle, parle et reparle, et plus que jamais, et sous toutes les formes, et sur tous les tons, et dans toutes les langues, de cette paix au faux-nez de paix honorable, de cette ignoble paix qui est la leur, et dont la seule pensée nous est un abominable outrage, à nous rendre fous de colère s'il ne nous faisait vomir de honte.

Oui, sur tous les tons on nous en reparle, même sur le ton humanitaire ! Et dans toutes les langues, même dans la langue des muets !

Car ce sont les pacifistes incorrigibles, qui se mettent à nous en reparler, et, pour comble d'inconscience, au nom de l'humanité meurtrie ; comme si nous, les humains par excellence, les défenseurs du droit, de la justice, de la civilisation, nous étions responsable de cette guerre monstrueuse, entreprise, machinée, déclarée, conduite avec la plus atroce et scélérate barbarie, contre l'humanité tout entière, par une seule races de brutes !

Et ce sont les pires muets qui retrouvent la parole pour essayer de nous convaincre, de nous séduire, de nous endoctriner ; comme si leur parole à la Ponce-Pilate pouvait nous être parole d'Évangile !

Je ne leur ferai pas même l'honneur de les

nommer, ces Ligues et Associations contre la guerre et pour la préparation d'une paix durable. Les auteurs en fussent-ils absolument sincères, insoupçonnables de toute compromission germanique voulue, on sent trop au profit de qui travaille, même sans le savoir, leur neutralité, devenue ainsi une complicité réelle.

Certains de ces soi-disant neutres, je le reconnais, sont peut-être de bonne foi ; mais ils n'en sont alors que plus dangereux, car leur foi est bonne dans le sens où bon est synonyme de bête. Nous irons, s'il le faut, jusqu'à leur pardonner leur bêtise. Nous n'irons certainement pas jusqu'à la partager.

Qu'ils cessent donc leurs objurgations inutiles ! Ou, s'ils éprouvent l'irrésistible besoin de s'y livrer, qu'ils le fassent auprès des seuls coupables qui ont déchaîné la guerre, et rendu toute paix future impossible, rien qu'en continuant à être !

Car la paix, celle que rêvent les vrais amis de l'humanité, le monde ne la connaîtra jamais tant que subsistera une race de proie décidée à réduire les autres races en esclavage. Et c'est à cette race-là, ô neutres qui avez le triste courage de rester neutres entre elle et nous, c'est à cette race-là, à elle seule, que vous devriez essayer de

...re entendre raison, si la chose est possible.

O muets qui vous mettez enfin à parler, ne nous parlez pas à nous autres, puisque vous n'avez vraiment rien à nous dire, puisque nous aimons la paix, en réalité, nous, bien plus que vous ne l'aimez vous-mêmes, vous qui ne savez que parler en sa faveur, tandis que nous nous faisons tuer pour elle, nous autres !

O muets devenus trop bavards, dépensez toute la salive qui vous sert de sang, mais non pas à nous prêcher leur paix, leur paix prétendue honorable, et qui nous déshonorerait dans la servitude !

Dépensez-le, ce sang incolore, et jusqu'à en vider vos poumons avec votre dernier souffle, dépensez-le à leur crier, en joignant vos cris aux nôtres, qu'ils sont des Barbares, qu'ils sont l'unique obstacle à la paix du monde, que le monde les a en exécration, que toute l'humanité veut vivre, et peut vivre seulement par leur mort, et qu'elle doit vivre et qu'elle vivra, et que par conséquent il faut, eux, qu'ils meurent !

Et si vous avez peur, ô pleutres, de vous écorcher la bouche à leur crier cette arrêt implacable, osez du moins leur répéter à haute voix celui dont nous frappait, et vous avec nous, et toute l'Europe, un de leurs livres de classe, dans ces lignes où leur paix future, la leur, s'annonce ainsi :

Bientôt le drapeau germanique abritera 86 millions d'Allemands gouvernant un territoire peuplé de 130 millions d'Européens. Et les Allemands seront alors, comme au moyen âge, un peuple de maîtres condescendant à ce que les travaux inférieurs soient exécutés par les autres peuples soumis à leur domination.

A moins, ô neutres, que cet avenir, comblant votre neutralité, ne vous fasse soudain redevenir muets comme devant! Auquel cas nous n'aurions plus à vous dire ce que nous voilà forcés de vous dire aujourd'hui, excédés que nous sommes par vos prêches pour leur paix :

« Assez ! et fichez-nous-la enfin, vous, la paix ! »

————

5 août.

VII

Le miracle anglais.

Ah! qu'il avait donc raison, le dessin de Forain, dont la cinglante légende, devenue classique, fouaillait ainsi certains civils :

« Pourvu qu'ils tiennent ! »

De ces civils-là, propres à inspirer la crainte qu'ils ne tiennent pas, il y en a encore, paraît-il, quelques-uns. Des incorrigibles, quoi ! Des incurables.

Oh ! rares, sans doute. Si rares, en vérité, que je proclame, pour ma part, n'en avoir jamais rencontré un seul, j'entends un pur, un franc, un cynique, montrant ses foies blancs tout à trac et portant sa trouille en ostensoir.

Mais il y en a, quand même, inutile de ne pas l'avouer, à leur honte, voire à la nôtre, qui les laissons manifester cette veulerie, fût-ce en tapinois, sournoisement, et par des biais, auxquels il faudrait couper court de façon nette, jusqu'à en être brutale.

Car, ce faisant, eux, ils sont des foyers de pessimisme, de dépression, propageant leur mal dans leurs entours ; et qui leur permet de le faire devient peu ou prou leur complice.

Un des biais les plus familiers qu'ils emploient pour inoculer aux autres leur méfiance, c'est d'en témoigner envers nos alliés. La plupart du temps par des insinuations, des demi-mots, quelque plaisanterie agréable au besoin et flattant notre manie de médisance rigoleuse. Souvent aussi au moyen de telle réflexion sérieuse où leur patriotisme a l'air de s'inquiéter et peut les rendre sympathiques.

Nos amis les Anglais, par exemple, sont plus particulièrement à l'heure présente, si j'ose m'exprimer ainsi, leur tête de Turc. Qu'ils n'aient pas encore renforcé notre front du Nord avec les deux millions d'hommes promis, voilà qui étonne un peu, n'est-ce pas?

D'aucuns, en signalant le fait, poussent même cet étonnement jusqu'à une sorte d'indignation. Volontiers, ils considèrent comme formelle, et faite à eux en personne, par Kitchener en personne aussi, la promesse des deux millions d'hommes.

Alors, quoi? Où sont-ils, ces fameux deux millions d'hommes? Quand les verra-t-on auprès des nôtres? Pourquoi les a-t-on promis si l'on ne pouvait pas les fournir? N'est-ce pas là un leurre, un manquement à la parole donnée?

C'est comme cette invincible, cette prodigieuse, cette unique flotte qu'est la flotte anglaise! A quoi nous a-t-elle donc tant servi? D'où vient qu'elle n'a pas bombardé Hambourg, forcé le canal de Kiel, anéanti jusqu'au dernier vaisseau la flotte allemande? On nous avait pourtant bien dit, sur tous les tons, que..., que..., et que...! Résultat? Zéro.

Ainsi clabaudant, quand on tolère qu'ils aillent jusque-là, nos méfiants cherchent des excuses à leur frousse. Mais il ne faut pas les laisser aller jusque-là, jamais. On a le devoir de leur clouer le bec tout de suite.

Et c'est précisément ce qu'a fait, à ce propos de la flotte anglaise, et pas plus tard qu'avant-hier, le premier lord de l'Amirauté, Arthur James Balfour, répondant à un article vantard du comte Reventlow, lequel glorifiait la flotte allemande en entassant mensonges sur mensonges. Qu'ils lisent donc cette lettre, chef-d'œuvre d'humour, nos débineurs des Anglais ! Et qu'on les oblige, s'il le faut, à l'apprendre par cœur !

Ils y verront que les *men of war* de nos amis ont rempli contre l'Allemagne, et à notre service, tous leurs devoirs, tous ceux que peut remplir une flotte parfaite, à savoir les sept que voici, qui sont les seuls et uniques devoirs d'une flotte :

I. — Chasser le commerce de l'ennemi hors de la mer;

II. — Protéger le commerce de son pays et des alliés;

III. — Réduire la flotte de l'ennemi à l'impuissance;

IV. — Rendre le transport des troupes ennemies par mer absolument impossible, pour l'attaque comme pour la défense;

V. — Transporter les propres troupes de son pays et celles de ses alliées où elle veut;

VI. — Assurer leur ravitaillement;

VII. — Coopérer avec elles à l'occasion.

Conclusion irréfutable : d'une flotte qui a fait cela, nous pouvons non seulement dire qu'elle a fait beaucoup, mais qu'aucune flotte n'a jamais fait davantage.

Quant à la fameuse armée de deux millions d'hommes que lord Kitchener en personne avait promise à notre méfiant en personne (*qu'il dit*), n'ayons pas peur de nous en expliquer avec ce méfiant, avec tous les méfiants quels qu'ils soient, avec les pires pessimistes dont le pessimisme est proprement une infamie envers ce qu'il convient d'appeler, à haute voix et chapeau bas, le miracle anglais.

Car si le miracle français existe et si nous avons le droit d'en être fiers, devant le témoignage unanime qu'en a rendu le monde entier, qu'a été forcé d'en rendre notre ennemi lui-même, nous avons le devoir aussi de rendre, nous les premiers, et de faire rendre par le monde entier avec nous, témoignage au miracle anglais, qui va de pair à côté du nôtre, qui le complète l'achèvera, et qui est peut-être plus inattendu, plus stupéfiant, comme qui dirait plus miraculeux.

Nous sommes, nous, un peuple de soldats, en somme, de soldats-nés, ayant eu de tout temps l'âme militaire, une armée, des cadres, le service obligatoire, le goût de la baïonnette, la folie du drapeau. Plus ou moins bien organisés, généralement plus mal que bien, nous sommes toujours prêts à la levée en masse, fils des volontaires de 92 et des grognards; et, quelque foudroyant qu'ait pu être le miracle de la Marne, il n'a étonné que les autres et a semblé tout naturel à nos poilus.

Mais l'Angleterre, elle, n'a jamais eu qu'une petite armée de métier, très brave, certes, combien peu nombreuse quand même. En dehors des cent mille hommes que lui assurait son recrutement, sur qui pouvait-elle compter pour une guerre continentale, et d'une telle envergure? Sur des bourgeois, des commerçants, des ouvriers, tous et depuis toujours pacifiques, et l'on doit même dire pacifistes.

Et voici qu'elle en a levé les deux millions, non pas promis par elle, mais espérés par nous, et qu'elle les a équipés, instruits, entraînés, encadrés, approvisionnés, munitionnés, et en moins

d'un an, songez-y un peu, messieurs les méfiants, messieurs les médisants, messieurs les
quelques rares pessimistes qui ne vous décidez
pas encore à tenir, ô pâles trouillards qui cherchez un dernier prétexte à votre trouille.

Allons, allons, c'en est assez ! On ne veut plus
vous entendre. Il faut que tout le monde tienne,
et vous tiendrez aussi, à l'instar de tout le
monde, jusqu'au bout.

En attendant, taisez-vous ! Et à genoux devant le miracle anglais, qui aura mis un an,
qui n'aura mis rien qu'un an, à germer, mais
qui va fleurir à la façon de l'aloès, en coup de
canon. A genoux pour saluer son explosion
prochaine ! Et puisse ce tonnerre faire éclater
enfin vos foies blancs, ô faces de lait caillé,
comme dit Shakespeare !

———

12 août.

VIII

Les profiteurs.

Déjà, en temps ordinaire, dans la bataille quotidienne de la vie, ce sont de vilains animaux
nuisibles, méprisables et haïssables, et qui de-

...aient, non seulement être jugés de la sorte par ...eurs victimes, mais être condamnés et exécutés ...ar la vindicte universelle.

Et d'abord, en effet, ils ne se contentent pas de faire du tort uniquement, comme il semble, à tel ou tel en particulier ; ils en font bel et bien, du même coup, à tout le monde en général. Le vol que représente leur gain illicite, *obtenu sans travail*, n'est-il pas aussi, par définition, un vol au détriment du travail commun ? N'est-il pas un crime contre la loi primordiale des hommes en société, loi exigeant que chacun d'eux, pour avoir droit aux bienfaits de cette société, y apporté sa part de collaboration et commence par y gagner son propre pain à la sueur de son propre front ?

Mais autant, et sans doute même plus encore, au point de vue moral qu'au point de vue matériel, les profiteurs sont des animaux nuisibles. Il n'existe certainement pas de parasites plus dangereux pour l'esprit, les mœurs et la vie d'une société.

Ils y sèment et y entretiennent les pires virus, par l'insolente injustice de leurs succès, par l'impunité avec laquelle ils en jouissent, par l'exemple corrupteur qu'ils donnent.

A l'injustice de leurs succès, et s'y empoisonnant, bouillonnent tous les ferments de révolte contre le droit, contre les lois sociales, dont l'autorité cesse d'être impérieuse pour les autres, puisqu'elle n'a, ostensiblement, aucun empire sur eux. Pourquoi donc continuerait-on à en être les esclaves, alors qu'ils en sont, eux, les maîtres ?

Car ils en sont bien les maîtres, n'est-ce pas ? Impossible d'en douter. Leur insolence dans la réussite le prouve. Leur impunité absolue le confirme. Et les victimes de cette injustice, de cette insolence, de cette impunité, comment et au nom de quoi désormais leur imposer la nécessité d'un travail, qui leur est démontré inutile, et qui est même bafoué, par la prospérité fainéante, assurée, sereine dans le crime, des profiteurs ?

Certes, l'exemple qu'ils donnent n'est pas corrupteur au point d'induire les vrais honnêtes gens en tentation de les imiter. Il ne va pas cependant sans induire même ceux-ci en de veules indulgences, où les demi-honnêtes gens, à l'honnêteté moins solide, sont englués, eux, jusqu'à cette tentation coupable. Ainsi, par la complicité inconsciente des muets qui laissent faire et des faibles qui regardent faire, la corruption se propage. Et voilà pour-

..oi, finalement, les profiteurs étaient légion.

Mais s'ils ont pu tellement pulluler, quoique ..nimaux tellement nuisibles, méprisables et ..aïssables déjà en temps ordinaire et dans la ..ataille quotidienne de la vie, si l'on a été assez ..eule et assez faible pour se contenter, à leur ..gard, du mépris secret et de la haine silencieuse, ..'heure n'est-elle pas enfin venue, aujourd'hui, ..e leur crier ce mépris et cette haine, ou plutôt ..e les leur cracher au visage ?

Car il y en a toujours et encore parmi nous, ..ême en ce temps extraordinaire où nous sommes, même dans cette bataille héroïque et sublime qu'est devenue la bataille quotidienne de la vie vécue depuis plus d'un an par la France. Malgré l'élan, la foi, la ferveur, l'amour du dévouement et la splendide folie de sacrifice dont s'est si magnifiquement fleurie, à l'admiration du monde entier, l'âme française, il y en a toujours et encore parmi nous, de ces abominables et monstrueux profiteurs !

Oh ! ils ne sont plus légion, à coup sûr. Beaucoup sans doute, la plupart même, je veux le croire, ont été touchés, assainis, ressuscités, par le grand souffle patriotique dont se sont gonflés tous les cœurs, par la grande flamme purificatrice où se sont fondues toutes les scories, volatilisés tous les virus, où notre sang a retrouvé toute la belle pourpre de sa jeunesse.

Quand même, s'ils ne sont plus légion, les profiteurs, il en reste; et ce qu'il en reste n'en est que plus méprisable, plus haïssable, méritant mieux, et à meilleur titre que jamais, d'être condamnés et exécutés, cette fois, par la vindicte universelle.

Le travail d'autrui, sur lequel maintenant ils thésaurisent, c'est le travail sacré grâce à quoi la patrie en danger défend et assure son existence. La production dont ils sont les parasites dévorants, eux qui ne produisent rien, c'est la production qui alimente la nourriture, le vêtement, l'armement, les munitions, l'hygiène, la santé de nos soldats, la convalescence de nos malades. En volant ces héros, les immondes profiteurs les trahissent et nous trahissent tous. Ils sont les alliés de l'ennemi, qu'ils enrichissent d'autant par contrecoup, en s'enrichissant d'abord eux-mêmes de notre appauvrissement.

Et ce n'est pas seulement sur nos ressources d'aujourd'hui qu'ils volent, les profiteurs; c'est aussi sur nos ressources de demain. Ils saignent la France qui combat; mais en même temps ils saignent la France qui aura tant de pertes à réparer après la victoire. En retardant cette vic-

ire, ils multiplient ces pertes. Le lourd budget
e nous laissera la paix, même la plus triom-
hante, il s'alourdit d'avance, surtout, par leurs
éprédations. Le nombre de nos enfants sacri-
és, le chiffre s'en accroît à mesure que s'enfle
elui de leurs gains sinistres, à eux, les profi-
eurs.

Et ils continueraient, ces voleurs devenus
ainsi des assassins, ces traîtres au pays et à
l'humanité, ces complices de notre ennemi, ces
enrichis de notre or et ces engraissés de notre
sang, ces bêtes nuisibles changées en bêtes
féroces, ces parasites qui ont aujourd'hui figure
de vampires, ils continueraient à se pavaner
dans l'insolence de leurs succès, dans la tranquille injustice de leur scélératesse, dans leur
impunité qui outrage le droit, les lois, la patrie,
l'héroïsme des braves, la gloire des morts, la
conscience des survivants, les larmes des femmes et des mères en deuil !

Oh! non, non, n'est-ce pas! Nous ne pouvons
le souffrir plus longtemps. Il faut qu'ils soient
châtiés enfin. Il faut que les muets parlent et
poussent sur de tels monstres la clameur de haro.
Le mépris secret et la haine silencieuse ne suf-
fisent plus à notre vindicte. Tous les honnêtes
gens, de toutes les opinions, sont d'accord là-

dessus. Qu'ils fassent bloc et foncent sur ce petit groupe d'infâmes pour l'écraser, comme une plaque de punaises déshonorant ta noble et saine peau de guerrière, ô belle France qui vas redevenir demain la reine du monde !

———

19 août.

IX

Bêtes de proie.

Qu'ils en soient tous, des bêtes de proie, tous absolument, tous indistinctement, tous incurablement, voilà ce qu'il est nécessaire de se bien mettre en tête, et de l'y ficher à fond, et de l'y fixer pour jamais, comme un clou rivé des deux bouts, que rien ne puisse plus arracher ni même ébranler.

Le meilleur marteau, du reste, le plus efficace à river ce clou, c'est eux en personne, par bonheur, qui sans relâche nous le fournissent. Ces bêtes de proie, en effet, sont peut-être encore plus bêtes qu'elles ne sont de proie, ce qui n'est pas peu dire. Leur stupidité a positivement quelque chose de mirifique.

En elle seule se réalise à plein, et de façon

déniable, avec une triomphale évidence, leur fameux *Deutschland über alles*. La bêtise allemande, voilà bien, oui, ce qui est et sera toujours au-dessus de tout, tellement au-dessus de tout qu'elle en devient parfois une sorte d'abîme en hauteur. Elle donne alors le vertige.

On se croyait, quand même, un peu aguerri contre ce vertige, à force de l'avoir éprouvé déjà en maintes circonstances. Et voilà qu'il redouble, plus intense que jamais, tant la bêtise allemande vient de monter haut, une fois encore.

Non seulement au-dessus de tout, cette fois-ci; mais, ce qui est bien le comble des combles, et ce qui bat tous les records de la stupidité, au-dessus d'elle-même. Jugez-en plutôt, et régalons-nous!

On sait avec quelle grosse astuce, aux pieds lourds, aux gestes gourds, au verbe tout dégoulinant de graisse épaisse sous prétexte d'être onctueux, l'Allemagne nous cuisine depuis quelque temps les plus alléchantes *delikatessen* de ce qu'elle appelle une paix honorable.

Elle nous en a fait d'abord chanter les louanges par ses journaux reptiliens à l'étranger. Ces propagandistes de sa pensée intime et de ses secrets désirs dans les pays neutres n'y chantent tantôt plus que cette chanson-là. Tel, par exemple, le dernier sifflement susurrant de la feuille espagnole *Correspondencia Alemana de la guerra*, où l'Agence Wolff insère cette adresse aux Neutres :

En réalité, l'Allemagne ne demande pas autre chose qu'une situation honorable et pacifique parmi les autres nations de la terre. Le monde saura bientôt reconnaître la véracité de cette affirmation.

Elle s'est ensuite risquée, l'enjôleuse (ô la petite coquine, va !) à en parler jusque dans ses propres journaux, de la paix possible. C'est l'officieuse *Gazette de l'Allemagne du Nord* qui a lancé, il y a quelques jours à peine, l'invite que voici :

« Le gouvernement allemand ne repoussera pas des ouvertures de paix raisonnables, s'il lui en est fait. »

Enfin, le Kaiser lui-même, l'élu tutoyeur de son vieux Dieu, au milieu et entre les lignes de ses plus délirantes rodomontades, ne craint point de lâcher quelques allusions délicates aux sus-dites *delikatessen* d'une paix espérable. On sent bien qu'il fait semblant de se retenir un peu. Mais on sent aussi qu'il souffre à se retenir. Au fond, il en a plein la bouche, de ces *delikatessen*, et la bouche en est presque prête à faire le cul-de-poule.

Que nous nous laissions jamais prendre, nous et nos alliés, aux promesses menteuses de ce cul-de-poule, non, n'est-ce pas? On ne saurait redouter pareille aberration de notre part. C'est l'horreur et le dégoût qui nous lèvent le cœur, et jusqu'au vomissement, rien qu'à l'idée de cueillir ce baiser de Judas.

Mais enfin, eux les nigauds par excellence, ils pouvaient s'imaginer que nous nous y laisserions prendre, que les neutres nous y engageraient, que l'appât serait séduisant pour nous aussi, puisqu'il l'est ou tout au moins semble-l'être pour certains de ces neutres. Et, sans doute, nous tendant ce piège, si grossier fût-il, devaient-ils tout faire, et jusqu'au bout, pour nous amener à y choir.

Et puis, non, pas du tout! Patatras! Rien de fait! Juste au moment où les bêtes de proie se pourléchaient déjà les babines en songeant à la proie dans le piège, elles n'ont pu s'empêcher d'être, comme toujours, plus bêtes encore qu'elles ne sont de proie. Et voilà qu'elles se sont mises à rauquer, à grincer des crocs. La tartuferie allemande avait eu beau faire, c'est la bêtise allemande qui a repris le dessus. *Uber alles*, je vous dis! Au-dessus de tout! Au-dessus d'elle-même!

Vous l'avez lu, n'est-ce pas, le nouveau manifeste pangermaniste formulant les vraies, et définitives, et cyniques exigences de leur paix prétendue honorable? Il ne se gêne pas pour les dicter au Kaiser en personne. Et il est signé par des professeurs d'histoire, des savants, des industriels, des commerçants, des administrateurs! Et il ne parle pas au nom seulement des hobereaux et du militarisme prussiens; mais il proclame ces exigences nécessaires à la prospérité des bourgeois allemands, des paysans allemands, des ouvriers allemands, de l'Allemagne entière.

La France démembrée, amputée d'un tiers, dépeuplée pour laisser ce tiers à la colonisation germanique; la France écrasée sous une contribution de guerre la condamnant à une pauvreté irrémédiable, de façon à *faire table rase du danger français*, les voilà, les *delikatessen* de la paix qu'ils nous préparent, à nous, sans compter celles qu'ils réservent à nos alliés. Tel est le dernier cri du pangermanisme sincère.

Avais-je donc exagéré, en affirmant qu'ils en sont tous, des bêtes de proie, tous absolument, tous indistinctement, tous incurablement? Non; vous voyez bien qu'ils le proclament eux-mêmes.

Alors, quoi? Conclusion? Nous contenterons-

nous d'en rire, parce qu'ils sont bêtes ? Ne faut-il
pas aussi, et surtout, sans pitié pour leur bêtise,
les traiter en bêtes de proie qu'ils sont? Oui,
certes, il le faut.

Or, les bêtes de proie, il n'y a qu'une façon de
les traiter : on les extermine.

« Pardon, excuse, me souffle un rigolo, après
leur extermination, il y a encore deux autres
façons de les traiter : les rapaces, on les em-
paille ; les fauves, on en fait des descentes
de lit.

— *Amen !* »

----

26 août.

X

Les Mercantis.

Ce n'est pas vous seulement qu'il faut stigma-
tiser de cette appellation vilaine et infamante, ô
misérables mercantis habituels à toute armée en
campagne !

Et d'abord, parce que vous en êtes, vous,
comme un complément nécessaire, parce que
vous y naissez comme une inévitable et congéni-
tale maladie. Vous comptez parmi la vermine

que fait éclore et pulluler la Guerre. Son manteau, même héroïque, même quand il devient le manteau de pourpre des triomphes, porte fatalement dans ses franges toutes sortes de poux, dont vous êtes une espèce.

Puis votre sale métier n'est, en somme, qu'un métier de gagne-petit, et vous vous donnez grande peine pour l'exercer. Vous y courez aussi parfois d'assez grands risques. Il ne va pas non plus sans procurer à vos victimes d'assez grandes joies. Et voilà, on doit le reconnaître, quelques excuses en votre faveur.

Enfin, ce stigmate d'être appelés mercantis, vous vous en fichez comme d'une guigne, à coup sûr, puisque c'est vous-mêmes qui vous dénommez de la sorte. Ainsi, vous, du moins, vous n'avez pas peur de vous rendre justice.

Vous ne l'ignorez pas, en effet, vous les pauvres mercantis de l'arrière, que votre besogne est vilaine et infamante. Vous la pratiquez ouvertement, cyniquement, sans honte, sans cacher que votre unique souci est de faire, comme vous dites, du bénef. Grâce à quoi les gros sous que vous ramassez en exploitant les besoins du soldat, ils sont vert-de-grisés de son mépris ; et c'est sa revanche contre votre sale métier.

Mais il y a d'autres mercantis que vous, et

auprès de qui vous êtes de bonnes gens, savez-vous bien, et même la crème des bonnes gens, pour tout dire, ô pauvres mercantis de l'arrière, ô profiteurs méprisés du soldat, ô poux, parmi tous les poux qu'engendre la Guerre.

Ces mercantis-là s'indigneraient d'être appelés mercantis. Ils n'avouent pas leur commerce immonde. Ils le masquent et le maquillent d'une hypocrisie si sereine qu'elle en ressemble parfois à de l'inconscience.

Et cependant, il n'y a qu'à en constater les effets, de leur commerce, pour juger combien il est immonde. Il n'y a qu'à regarder où en vont les profits, sur qui on les fait, en faveur de qui et contre qui finalement. Ce simple regard, nous suffit à condamner ces mercantis-là. Jetons-le donc sur leurs pratiques, et prononçons leur arrêt !

Ce n'est pas des sous vert-de-grisés qu'ils ramassent, eux ; c'est de l'or, du bel or vivant, de cet or qui est le nerf de la guerre, et dont chaque gramme représente un flot de sang que nous aurons en plus ou en moins. En moins, si ces mercantis-là ne nous volaient pas ; en plus, s'ils nous volent. Et c'est donc de notre sang qu'est fait leur bénef, à eux !

Et il ne s'agit plus, ici, d'individus qui sont

exploités. Les victimes de ces mercantis-là sont des nations entières, les nobles nations alliées qui luttent pour le droit, pour la civilisation, pour l'Europe libre, pour le monde. Leurs victimes sont donc, du même coup, ce droit, cette civilisation, cette Europe, ce monde. Voilà sur qui finalement sont faits les bénéfices de ces mercantis-là.

En faveur de qui sont-ils faits ? En faveur de la nation qui est la bête de proie voulant dévorer toutes les autres, qui a préparé pendant un demi-siècle la guerre contre toutes ces autres, qui a pour idéal suprême et avoué de réduire toutes ces autres en esclavage, sous son empire à elle, à elle seule, c'est-à-dire sous le joug de la force, de la Barbarie savante, de la tyrannie sanguinaire et sadique, en pleines ténèbres organisées où s'épanouirait l'apothéose de l'Homme redevenu gorille !

Mais qui sont-ils donc, ces mercantis de haut vol (à tous les sens du mot), dont le monstrueux bénef aurait pour résultat un aussi abominable triomphe ? Et, en vérité, peut-on admettre qu'ils n'en aient point du tout conscience ?

Eh ! bien, non, cela, on ne peut pas l'admettre. Si sereine que soit leur hypocrisie, elle ne saurait dissimuler, fût-ce à eux-mêmes, ce résultat patent, évident, crevant les yeux, de leur commerce immonde. Alors, qu'ils le confessent, au moins, qu'ils en aient le cynisme, comme les Pangermanistes ont celui de proclamer leur rêve de brutes!

Et s'ils nous refusent et se refusent de l'avoir, ce cynisme, forçons-les par la logique à ne pouvoir nier la lâcheté suprême dont ils font preuve, en continuant leur sale métier sans même vouloir en regarder face à face toutes les conséquences et en prendre toutes les responsabilités!

Aussi bien, qu'importe leur aveu? A l'estime du monde entier, sauf eux seuls, ils sont désormais convaincus, ces mercantis-là, du crime qu'ils ont commis contre ce monde, contre la civilisation, contre l'humanité.

Si la guerre dure depuis trop longtemps, si elle n'a pas encore abouti à la victoire du droit sur la force, de la liberté sur l'oppression, de la lumière sur les ténèbres, c'est parce que la bête de proie a été soutenue, alimentée, donc encouragée, grâce à eux, à eux seuls. Sa puissance tenace, son énergie à poursuivre la lutte, elle les doit à leur aide, qu'ils lui ont fournie pour les besoins de leur sale métier, de leur commerce immonde, de leur méprisable et haïssable bénef, voilà ce qu'il faut leur dire et leur crier enfin, de toutes nos voix unies dans une formidable clameur de haro !

Tant pis si la diplomatie nous taxe d'imprudence ! Tant pis si les éclats de notre voix tonitruante envoie à tous les diables les fils de ses toiles d'araignée ! Tant pis si d'aucuns, parmi les peuples où se recrutent les mercantis dont je parle, se trouvent offensés et regimbent !

On n'aura qu'une chose à leur répondre, c'est que *qui se sent morveux se mouche* !

Ces mercantis, donc, qui sont-ils ? Eh ! bien, certains neutres, voilà !

Lisez la lettre de sir William Ramsay, et vous saurez qui a fourni à l'Allemagne le coton nécessaire à ses explosifs et sans lequel elle serait impuissante et muette depuis des mois déjà. Dans cette lettre, acte d'accusation sans réplique, condamnation sans appel, ils sont nommés, ces mercantis !

O pauvres mercantis de l'arrière, vermine habituelle de toutes les armées en campagne, ô bonnes gens, la crème des bonnes gens, quels lis de pureté vous êtes, à côté de ces poux-là, rebut de la pouillerie humaine !

XI

Bromhydroses.

Oui, parfaitement, bromhydroses; oui, avec un *s* final! Au pluriel, quoi!

Car elle n'est pas seule, en somme, à mériter qu'on la signale et l'étudie, la trop fameuse bromhydrose, découverte depuis peu, connue aujourd'hui, décrite, classée, cataloguée, nommée d'un beau nom scientifique, et fière sans doute d'avoir ainsi pris place à la fois dans les annales de la médecine, de l'histoire naturelle et de l'Histoire elle-même.

Certes, elle resplendit désormais, celle-ci, cette bromhydrose illustre, au soleil de sa gloire immonde, kolossale puisque si essentiellement germanique. Représentative, comme on sait, de l'odeur *sui generis* spéciale à la chair allemande, il va de soi que son incontestable triomphe sur le fumier des puanteurs animales s'y épanouit en triomphe vraiment et mirifiquement *über alles*.

Proclamons-le donc, voilà qui est entendu, et proclamons-le bien haut, en toute bonne foi, en

toute humilité même, et surtout sans envie, sau[f]
celle de nous boucher le nez!

Mais n'hésitons pas non plus à proclamer qu'i[l]
existe encore une autre bromhydrose, sœur
cadette et obscure d'une si prodigieuse aînée,
et digne aussi de notre attention, de notre étude,
et d'un nom. C'est celle que je me permettrai
d'appeler, si vous le voulez bien, la bromhydrose
mentale.

Oh! à coup sûr, elle est moins patente, et
moins épatante, que la première. Elle n'en a pas
la foudroyante puissance, pareille à celle d'une
marmite de 420, ou, c'est le cas de le dire, à
celle d'un gaz asphyxiant.

Elle n'en est pas moins redoutable, dans sa
sournoiserie. Peut-être même, tout compte fait,
est-elle la plus dangereuse, voire la seule dangereuse, des deux.

Contre la bromhydrose simple, en effet, la
parade est tout indiquée. Voir ci-dessus : il
suffit de se boucher le nez. Tout au plus, si l'on
est par trop délicat, risque-t-on un haut-le-cœur.

Les attaques de la bromhydrose mentale sont
autrement subtiles, insinuantes. On ne s'en
aperçoit, la plupart du temps, qu'après les avoir
subies. Il arrive même, parfois, qu'on en est
déjà la victime sans les avoir seulement subo-

...ees. D'aucuns en portent les stigmates et la
...tagion, qui ne s'en doutent pas, et vont jus-
...'à s'indigner comme d'un outrage si quelqu'un
...e découvre et les signale sur eux.

Sont atteints aussi, et non moins à fond, quoi
qu'ils en aient moins l'apparence, les intellectuels de tous pays, neutres ou non, qui ne veulent absolument pas quitter leur tour d'ivoire,
et qui se posent, de là-haut, en simples témoins
et juges de camp à l'attitude impartiale.

Comme s'il s'agissait d'un duel loyal, où les
deux adversaires se conduisent en braves gens,
sans traîtrise, sans coup de Jarnac! Comme si le
monde entier n'avait pas déjà, sur preuves à
l'appui, rendu son jugement contre celui des
deux combattants qui a voulu, préparé, déclaré
cette guerre, et qui la conduit au mépris de tous
les droits, de toutes les lois, non pas en guerrier, mais en bandit, en assassin, en apache!

Je ne veux citer aucun nom. Il y a des comptes
qui ne se règleront qu'au lendemain de la victoire. Aussi bien, les noms que je citerais, ils
sont sur toutes les lèvres. Et je continue à croire,
du reste, dussé-je leur faire trop d'honneur en
le croyant, que ces traîtres à la justice et à
l'humanité le sont, eux aussi, comme certains
neutres, inconsciemment.

Leur crime, en effet, n'est sans doute que la manifestation de la maladie semée en eux, à leur insu, par la bromhydrose mentale. Ils ont trop admiré la pensée allemande, l'art allemand, jadis et naguère. Ils en étaient venus jusqu'à les aimer. De *distinguo* en *distinguo*, ils ont fini par avoir, qu'ils le veuillent et le sachent ou non, l'âme allemande.

Pourra-t-on jamais, au jour du règlement des comptes, leur faire comprendre leur crime, l'erreur qui les y a conduits insensiblement, la contagion qu'ils avaient subie, le mal qui les a ainsi désâmés? En vérité, je me le demande avec tristesse et angoisse pour eux, car je crains bien qu'ils soient incurables.

Au moins, qu'ils nous servent d'exemple, les malheureux, et que leur sort lamentable nous soit une leçon de prophylaxie contre la sournoise et délétère bromhydrose mentale! Partout où nous en flairons l'haleine empoisonnée, signalons-en le péril! Et les bouches qui soufflent cette haleine, forçons-les à se taire, fût-ce en les fermant, et fût-ce d'un geste brutal!

A quoi on le reconnaît, ce souffle? A sa puanteur, même dissimulée sous des paroles mielleuses, sous des parfums, quels qu'ils soient, philosophiques, religieux, humanitaires, pacites. Des narines françaises, bien et uniquement françaises, ne pourront jamais s'y tromper.

La force primant le droit, les petits peuples et les petites gens condamnés à l'oppression et à l'esclavage par les nations et les individus qui sont de bêtes de proie, voilà ce que pue l'âme allemande, plus puante encore que la chair allemande.

Ainsi les deux bromhydroses sont aussi faciles l'une que l'autre à diagnostiquer. Elles se révèlent par leur puanteur.

La grande mystique sainte Thérèse a défini l'enfer en ces termes :

Inferi sunt ubi fœtet et non amatur.

L'enfer, c'est le lieu où ça pue et où l'on n'aime pas.

Si nous voulons, de tout notre vouloir, vivre ailleurs qu'en cet enfer, lequel serait le monde germanisé, si nous voulons le paradis sur terre auquel aspire le genre humain, guerre et mort à la bromhydrose, et d'abord à la mentale, puisqu'il y a des âmes qui puent de la gueule !

---

3 septembre.

XII

Sentimentalités.

Que *le vrai* puisse en effet *quelquefois n'être pas vraisemblable*, comme l'a dit notre vieux Nicolas, la preuve suprême nous en est fournie aujourd'hui mieux que jamais, à plein et à fond, par la survivance extraordinaire, inadmissible, illogique, folle, monstrueuse, stupéfiante, et cependant bien réelle, constatée, raisonnée et même agissante, de l'esprit pacifiste.

Car il n'y a point à le nier, hélas! Si invraisemblable que soit la chose, il est vrai qu'elle existe. Non seulement de par le monde, parmi les neutres, mais jusque chez nous, parmi les belligérants, il reste encore, paraît-il, des âmes pour rêver d'une paix, d'une réconciliation, d'une fraternité possibles entre les peuples, c'est-à-dire y compris le peuple allemand.

Ont-elles donc pesé, ces âmes-là, tout le poids de ces simples mots : *y compris le peuple allemand*? Evidemment non. Sans quoi, la bulle de leur rêve en eût été tout de suite crevée, tant

plomb en est lourd, du sens que comportent
les mots.

Ces âmes-là sont des âmes d'aveugles, closes
à la contradiction manifeste, à l'absurdité essentielle, qui impliquerait la présence du seul et
dernier peuple antihumain dans ce concert de
l'humanité. Rien que la pensée de l'y introduire,
ce peuple, dans ce concert, voilà qui fait de
leur rêve une chimère actuellement avortée
comme l'enfant mort-né d'un monstre.

Si ces âmes-là ne s'en rendent pas compte,
c'est qu'elles sont malades, et d'une maladie
incurable. Il ne faut pas même s'attarder à discuter avec elles. Ce serait du temps perdu. Et
nous avons, tous tant que nous sommes, d'autres besognes sur les bras !

Mais leur maladie, à ces déments, ne peut-
elle pas être contagieuse? Et, en ce cas, parmi
les besognes à faire, ne doit-on pas compter la
prophylaxie contre une telle contagion? A coup
sûr. Donc, sans discuter avec ces déments, il
n'est pas inutile de ratiociner contre leur démence.

C'est qu'ils sont bavards, ces déments, et
même éloquents parfois. Dans les rêves des
pires aliénés, il s'en trouve aussi qui sont sé-
duisants, beaux, consolateurs. Le rêve de la

paix universelle est un de ceux-là. Des cœur
généreux, des cerveaux puissants, en ont bu
fait boire aux autres l'ivresse, qui promet à l
pauvre humanité souffrante le paradis sur terre

Mais au prix de quelles vertus est-il don
promis, ce paradis sur terre, par ces cœur
généreux et ces cerveaux puissants? Voilà c
qu'oublient les pacifistes de l'heure présente, e
ce qu'il ne faut jamais se lasser de rappeler à
l'Humanité en marche, dans son douloureux
pèlerinage?

Ces vertus cardinales, uniques conditions de
la paix entre tous les peuples, sont la bonté, la
pitié, la justice tempérée par l'amour. Quand
tous les peuples, tous sans exception, en seront
convaincus et persuadés, alors, et alors seulement, on verra peut-être poindre l'aube qui ouvrira la porte du paradis sur terre.

Or, les pèlerins qui vont vers cette clarté, qui
se dégagent peu à peu des ténèbres en s'y aidant les uns les autres, ce n'est pas à coups de
poing que l'on doit les pousser le long de la route
pénible, c'est avec des mains douces, aux gestes
de tendresse maternelle. Soigner les blessés,
relever ceux qui tombent, défendre les faibles,
rendre confiance aux découragés, donner le
manger et le boire, physiquement et morale-

t, aux pauvres qui ont faim et soif, telle est
is cinq mille ans, de plus en plus, de mieux
mieux, l'œuvre de la civilisation.

insi s'avançaient les peuples et ainsi seule-
nt pouvaient-ils s'avancer dans leur doulou-
x pèlerinage, vers l'étape finale que leur
nonçait le rêve du paradis sur terre. Oh! oui,
beau, le pur, le bon, le splendide rêve, et
'ils avaient raison de le rêver, d'en boire
vresse et de la faire boire aux autres, les
ands cœurs généreux et les cerveaux puis-
nts des pacifistes de jadis!

Mais voici qu'un peuple, en régression patente
rs la plus antique Barbarie, les bafoue, et les
e, et les viole, ces vertus cardinales, uniques
nditions de la paix entre tous les peuples!
bonté, la pitié, la justice tempérée par l'amour,
même la justice tout court, le droit de vivre
cordé aux faibles, il appelle cela, brutalement,
niquement, avec un gros rire de Caliban épa-
oui en rictus de gorille, il appelle cela des *sen-
mentalités*!

Et vous voudriez, ô pacifistes de l'heure pré-
nte, nous prêcher la réconciliation avec lui!
ous nous proposez une paix possible entre lui
nous, une fraternité dont il serait un des frères!
Votre beau rêve aboutit à ce cauchemar d'une

famille humaine, où nous serions tous des Abels sous la trique de ce Caïn !

Car c'est là où il prétend conduire tous les autres peuples, ce peuple aspirant à remplacer notre civilisation par sa Kultur. Le paradis sur terre dont il nous ouvre la porte à coups de mitraille et sous des bouffées de gaz asphyxiants, c'est l'abominable enfer où le seul droit désormais reconnu serait le *droit canon* de ses mortiers, apothéosé par ses intellectuels !

Ne l'a-t-il pas proclamé lui-même une fois de plus, pas plus tard qu'hier? Ecoutez le dernier sifflement de ses reptiles.

« Le règlement final, dit la *Gazette de Voss*, ne doit être influencé par aucune considération *sentimentale*. Comme nous sommes le peuple suprême, notre devoir est de conduire la marche de l'humanité. C'est un péché contre notre mission que de ménager les peuples qui nous sont inférieurs ».

Et le *Rheinische Westrœlische Zeitung* conclut ainsi :

« La haine est la vertu supérieure. Les mots creux de réconciliation et de fraternité universelle sont de simples pavillons pour tromper les imbéciles ».

Avez-vous compris, oui ou non, ô pacifistes

...uels? Nous, oui. S'il vous plaît d'être ces im-
...ciles, grand bien vous fasse!

...Nous, certes, nous ne le serons point.

----

9 septembre.

XIII

Silence aux muets!

Parfaitement. Vous avez bien lu. N'en doutez
...oint. Ne vous frottez pas les yeux. Il y a, en
...utes lettres, ceci, j'y insiste :

Silence aux muets!

Et ce n'est pas que ma langue ait fourché, ni
...a plume, ni la main du typo. Et ce n'est pas
...on plus que j'aie eu dessein de raccrocher
...otre attention en cocardant ces lignes d'un titre
...surdement tape-à-l'œil.

Ce titre n'est tel qu'en apparence, et je ne l'ai
...s cherché. La réalité seule me le dicte.

Les muets dont il s'agit ici, en effet, les muets
...xquels j'impose silence, auxquels il faut l'im-
...er impérieusement, sont des muets d'une
...pèce particulière, anormale, paradoxale, réali-
...nt le comble de l'absurdité. Ce sont des muets

qui soudain viennent de se mettre à vouloir être
les plus intarissables des bavards.

Et notez, je vous prie, combien leur cas est
étrange, et à quel point ils la poussent, cette
absurdité mirifique et monstrueuse qui les caractérise ! Leur mutisme n'a jamais été mieux serré
qu'aux heures où ils avaient quelque chose à
dire, et leur loquacité ne devient éperdue qu'au
moment précis où ils n'ont plus à dire rien du
tout.

Ah ! ces muets intermittents, quelle belle et
unique occasion ils avaient, de retrouver la
parole, de la prendre haute et ferme, et non
seulement de discourir, mais de crier, en un
grand cri humain et fraternel, quand la neutralité sacrée de la Belgique fut violée par le pre-
-mier crime du Barbare !

Certes, on ne leur demandait pas alors l'impossible, c'est-à-dire de se lever en armes contre
l'ennemi du droit, le traître à la foi jurée, le
renieur de sa propre signature, contresigné
par la leur aussi pourtant ! On n'exigeait pas
d'eux un pareil effort d'héroïsme, et qu'ils
fussent les dignes frères de cette Belgique
sublime, se dévouant, se vouant au martyre,
montant sur la croix, pour sauver son honneur.

Mais le plus simple, le plus humble sentiment

leur devoir, voilà tout au moins ce qu'on
espérait, et qui n'était pas bien difficile ni
même dangereux à exprimer, ne fût-ce que par
une protestation. Un cri, un mot, y suffisaient.
L'unanimité des neutres, stigmatisant la violation d'une neutralité, quel appui moral donné à
la bonne cause!

Pourquoi ne l'avez-vous pas jeté, ce cri? Pourquoi ne l'avez-vous pas proféré, ce mot! Pourquoi êtes-vous restés si profondément, si incurablement muets, à cette minute décisive, ô
muets qui fûtes alors les pires des sourds-muets?

Mais c'est là du passé. Sans votre appui
moral, nous avons tenu tête à l'ennemi, et nous
sommes certains d'en venir à bout. Donc, nous
ne récriminerons point. Nous nous contenterons
de ne pas vous convier à la fête qui consacrera
notre victoire et la libération du monde. Et
notre unique vengeance de votre abandon, ce
sera de savoir que vous êtes, malgré vous-
mêmes, nos obligés, et que nous ne sommes
pas les vôtres.

Seulement, mettez-vous bien en tête que nous
sommes résolus à conclure, ainsi que nous
avons débuté, sans vous non plus. Muets vous
avez été contre le crime, muets vous devez
rester quand nous en réglerons le châtiment. Et

nous ne vous permettrons pas, puisque vous
ne vous êtes point interposés entre le crime et
nous, de vous interposer entre nous et le châtiment.

Voilà pourquoi notre mot d'ordre à nous tous
désormais, à nous les Alliés, qui avons fait cette
guerre atroce sans l'avoir voulue, c'est de
l'achever par la paix telle que nous la voulons,
et non pas à l'heure et dans les conditions qu'il
vous plairait de nous suggérer. Et voilà pourquoi nous vous crions :

Silence aux muets !

En vain vous formez ici et là, ô muets changés
en bavards, des ligues, des comités, des par-
lotes, appelant tous les neutres à la rescousse
pour nous conseiller en faveur d'une paix qui...
d'une paix que... Nous ne souffrirons pas que
vous vous mêliez à cette chose sacrée, où nous
avons seuls voix au chapitre.

Quoi ! Vous auriez assisté, bras croisés et
bouche close, à ce duel épouvantable, à cette
agression sauvage dont notre vie était l'enjeu !
Vous n'y auriez couru aucun risque, pas même
celui de vous faire faire les gros yeux par le
monstre en ayant l'air de nous plaindre ! Vous
y auriez plutôt gagné de l'argent à entretenir
notre ennemi par votre contrebande ! Sinon tous,

moins beaucoup parmi vous, auraient été
aussi de vils profiteurs à notre détriment, et ses
complices, avoués ou secrets! Et c'est vous qui
voudriez aujourd'hui nous dicter, à nous, vos
rêves de paix dont il aurait tout le bénéfice!

Non, voyons, non, vous ne pouvez pas vous
imaginer que nous sommes assez bêtes pour
vous laisser faire. Que vous en conveniez, oui
ou non, nous sommes vos sauveurs, après tout.
Mais nous ne le sommes pas jusqu'à devenir vos
suiveurs. Nous irons où nous devons aller, sans
autres guides que nous-mêmes.

Aussi bien, et voici qui tranche la question,
d'où vous vient, ô muets, cette subite déman-
geaison de parler? Qui vous a enfin rendu la
parole? Est-ce notre ennemi ou si c'est nous?
Tâchez donc de répondre.

Evidemment, c'est lui. *Is fecit cui prodest.*
Celui qui l'a fait, c'est celui à qui la chose est
utile. La paix présente, avant le coup suprême,
seule l'Allemagne y pense et en profiterait.
Donc, en y travaillant, c'est pour elle que vous
travaillez. La cause est entendue.

Alors, *silence aux muets*, puisque voilà ce dont
ils nous parlent quand ils se mettent à parler!
Silence à ceux-là qui n'ont pas su parler quand
il le fallait. Leurs rêves de paix aujourd'hui, ils

n'ont qu'une manière de nous en prouver l[a]
bonne intention, c'est de se taire.

Qu'ils nous la foutent, la paix !

____

12 septembre.

XIV

Le Miracle de la Marne.

Ce n'est pas uniquement par la voix du peuple
français, mais c'est en même temps par la voi[x]
de tous les autres peuples, que notre victoire de
la Marne fut nommée tout de suite, et à l'unanimité, de ce nom prestigieux : le Miracle de la
Marne.

La voix des peuples ne s'était pas trompée. Il
y avait bien là un miracle, en effet. Il y avait
même un miracle encore plus miraculeux, si
j'ose dire, qu'on ne l'a cru tout d'abord.

Qu'est-ce, en effet, au propre et aux sens divers du mot, qu'un miracle ? C'est ou *un act[e]*
contraire aux lois de la nature et dû à une inter-
vention surnaturelle, ou *un fait mystérieux don[t]*
on ignore absolument soit la cause, soit le moyen[.]
Ainsi, du moins, le définissent les meilleur[s]
dictionnaires.

Or, à ces définitions précises, il ne semble guère qu'on puisse ramener le Miracle de la Marne. Il semble plutôt, sans vouloir blesser aucune foi, qu'en l'y ramenant on risquerait de l'amoindrir.

On lui laisse, au contraire, toute sa grandeur, toute sa beauté, tout ce qu'il a de merveilleux et de mystère, si l'on se borne à lui donner pour auteurs les humbles petites gens qui en furent les sublimes et inattendus thaumaturges.

Et, d'autre part, on n'enlève rien à leur sublimité en cherchant, comme le font depuis un an les techniciens, à en expliquer le moyen et la cause, le comment et le pourquoi. Bien loin de là ! On en arrive à les trouver d'autant plus inattendus, plus sublimes, plus miraculeux.

Tout compte fait, tout étant bien étudié, bien pesé, bien analysé, passé au crible de la critique la mieux avertie, contrôlé par les témoignages de l'ennemi lui-même, voici finalement ce qui reste établi au regard de l'Histoire.

Une armée inférieure en nombre, mal préparée, surprise par une attaque brusquée en masses compactes, écrasée dans une première rencontre inégale et formidable, reculant depuis un mois au cours d'une retraite qui aurait pu chaque jour se changer en déroute, tout à coup fait volte-face, reprend pied, passe de la défensive déprimante à une irrésistible offensive, et bouscule en huit jours tout un plan, toute une organisation de guerre et d'invasion, tout un monde de chefs, de soldats et d'engins se ruant contre nous dans un effort suprême machiné depuis quarante-quatre ans.

Tel est le fait, débarrassé de tous les commentaires, tout simple et tout nu. Y eut-il donc jamais, en aucun lieu et en aucun temps, dans sa nudité, miracle plus miraculeux ?

Ah! ne discutons point! Ne cherchons pas midi à quatorze heures! Ne nous attardons plus aux *si*, aux *mais*, aux *car*, aux *pourquoi* ni aux *comment*! L'heure viendra de nous y embarbouiller, et aussi de nous en débarbouiller. En attendant, ne voyons qu'une chose, ne crions qu'une chose, celle qu'a vue, celle qu'a criée le monde entier en admiration, en extase :

« Miracle! Miracle! Miracle! »

Quel miracle? Eh! parbleu, le miracle français, le miracle, non pas de notre résurrection, comme on l'a dit, comme certains l'ont dit parmi nous-mêmes, mais le miracle qui est l'essence de notre vie, celui qui dort perpétuellement en nous, et qui s'y réveille quand il le faut, celui qui court dans toutes les gouttes de sang gonflant

les artères, et qui est la survivance de nos aïeux
et la vie future de nos descendants, celui qui
sent la charge quand notre race est en péril, le
miracle de ces gouttes de sang qui soudain en
révolte, en tumulte, nous crient que la race ne
veut pas, ne doit pas périr, et qu'il faut la défendre, parce qu'elle a encore des choses à dire et
à faire, et non seulement pour elle, mais aussi
pour le monde, qui a besoin d'elle !

Car le voilà, le Miracle de la Marne, qui a été
naguère celui de 92, qui a été jadis celui de
Jeanne d'Arc, et aussi celui de Bouvines.

C'est le miracle qu'accomplissent de temps en
temps, au cours des siècles, les peuples qui ont
su être les soldats de l'humanité, comme les Po-
lonais de Sobieski quand ils ont sauvé l'Europe
de la Barbarie Ottomane, comme les Grecs de
Marathon et de Salamine quand ils ont maintenu
clair et radieux le flambeau de la civilisation
méditerranéenne contre les ténèbres asiatiques.

Eh ! quoi ! Nos petites gens de la Marne, c'est
cela vraiment qu'ils ont fait ? Mais oui, ni plus
ni moins, les braves enfants ! Et ils le savaient
donc ? Pourquoi pas ? Leur sang versé le prouve,
que leur instinct atavique en avait l'obscur et
invincible sentiment.

Et c'est pourquoi, de ce miracle, ils furent les

artisans, les héros, les divins thaumaturges, eu
et leurs chefs, et tous nos ancêtres et tous no
enfants à venir, unis dans le noble et pur v ou
loir de perpétuer la race dont l'humanité a be
soin !

Aussi la voix des peuples ne s'y est-elle pas
trompée, et tout de suite avec eux, avec nous, et
à l'unanimité, a-t-elle nommé notre victoire de
la Marne de son nom prestigieux : le Miracle de
la Marne.

Et tel, au bout d'un an, l'Histoire l'a déjà enregistré justement, ce nom ; et tel, en lettres de
feu, il flamboie désormais comme un météore,
annonçant une ère nouvelle, que fêtera la postérité, et dont elle inscrira la date d'origine dans
les annales du monde.

Certes, les annales du monde, n'en doutons
pas ! Car, si splendides que soient les nôtres, le
Miracle de la Marne est un des miracles qui dé-
bordent, en quelque sorte, hors d'elles. Leurs
plus glorieuses pages semblent pâlir devant sa
splendeur extraordinaire, à lui.

Elle y fait, en vérité, elle y fait déjà et y fera
de plus en plus, comme un jet d'éblouissante
clarté qui domine et surbmerge les autres, tant
il porte loin. Et ce n'est pas assez de dire que
notre seul horizon national s'en illumine. Dès

…jourd'hui l'on s'aperçoit qu'il vient d'allumer …n astre nouveau dans le ciel même de l'huma-…ité.

O nos braves de la Marne, ô morts pour la …rance et pour le monde, ô survivants du grand …iracle, la France vous fête en ce jour; mais …'est le monde entier qui vous apothéosera …emain !

———

16 septembre.

XV

Leurs admirateurs.

Je ne parle pas de ceux qu'ils pouvaient avoir jadis, quand ils étaient un peuple tenant sa place dans le concert des autres peuples, avec ses ver-tus et ses vices, ses qualités et ses défauts, comme tout le monde.

Je parle des admirateurs qui sont leurs admi-rateurs aujourd'hui.

Car il y en a encore !

Et ce n'est pas seulement chez tels ou tels neutres, plus ou moins mâtinés de leur sang et intoxiqués de leur mal ; mais c'est jusque chez nous, qu'il y en a encore, de leurs admirateurs !

Oui, je sais, voilà qui est incroyable, tellement
la chose paraît, rien qu'à l'énoncer, une chose
folle, imbécile, absurde, monstrueuse. N'importe.
Accumulez les épithètes à votre gré, cela n'empêchera pas la chose d'être.

Sans doute, cette admiration tenace et criminelle ne se manifeste pas cyniquement. On veut
croire, à la décharge des infirmes qui la ressen-
tent, qu'une sorte de conscience leur reste, touchant son évident caractère de crime envers la
patrie. Ils en ont, malgré tout, comme une honte
secrète qui gêne leurs épanchements.

Aussi commencent-ils d'abord par l'emburelu-
coquer, cette admiration, dans les plis et les
panaches des plus nobles et plus honorables
déclarations de principes. Ils s'y drapent eux-
mêmes, dans ces plis. Ils s'en font une auréole,
de ces beaux panaches. Ils se donnent pour de
hauts et sereins esprits, planant au-dessus des
vulgaires contingences, jugeant en pleine et
absolue impartialité.

La Science, par exemple, a-t-elle et doit-elle
avoir une patrie? Non, n'est-ce pas? Cela, ils
osent l'affirmer. Et qui donc oserait, en retour,
aller à l'encontre. Les représentants officiels de
la Science, ou du moins quelques-uns d'entre
eux, et des plus huppés, voire de nos plus huppés

nous, ne font-ils pas de cet axiome indiscutable un article de foi ?

Forts d'un si puissant appui, voilà nos gens tôte encouragés à prétendre que l'Art est souvent dans le même cas et n'a point de patrie ni n'en doit avoir, lui non plus. A propos de quoi ils citent volontiers la fameuse Tour d'ivoire et s'y enferment, ou plutôt s'y juchent sur le sommet, orgueilleusement, à l'instar de certain saint Siméon Stylite que je ne veux pas nommer.

Toutefois, le susdit saint Siméon Stylite n'ayant pas eu, somme toute, une bonne presse, tant s'en faut, nos quelques rares germanophiles n'ont guère insisté sur ce point. Mais ils se sont tôt rattrapés sur d'autres exercices plus commodes. Ils n'ont pris que le *la* au cor du nouveau Rolland (avec deux *l*), et en ont tiré les quelques variations que voici pour leur petite flûte.

« Cette Allemagne est, quand même, bien forte, vraiment unique dans sa force, et il est impossible de ne pas rendre justice à l'extraordinaire maîtrise avec laquelle cette force a été mise en valeur. Quelle méthode ! Quelle préparation ! Quel chef-d'œuvre d'organisation ! Avouez que cela, du moins, est digne d'éloges, digne d'être envié, digne enfin d'être admiré, même par nous, surtout par nous, qui en avons le plus souffert, et qui de la sorte sommes les mieux placés pour en apprécier l'incontestable et prodigieux miracle ! »

Peut être ai-je outrepassé quelque peu, en ces paroles dernières, l'expression de ce qu'ils pensent, nos admirateurs entêtés de l'Allemagne. Et encore, je ne le crois pas. Mais qu'ils pensent ainsi, au fond, on ne saurait en douter, quand on voit avec quel air béat, comme extasié, ils se gargarisent de ce refrain où leur admiration a trouvé son *tarte-à-la-crème* :

« Quelle méthode ! Quelle préparation ! Quelle organisation ! Quel chef-d'œuvre ! »

Eh ! bien, non, à la fin, non ! Il faut le leur faire rentrer dans la gorge, leur *tarte-à-la-crème* ! Et à coups de poing si c'est nécessaire ! Et assez loin dans la gorge pour qu'ils en étouffent, et en crèvent comme ils le méritent !

Oh ! sans brutalité, d'ailleurs, malgré cette menace de pugiliste ! Le coup de poing à leur asséner, c'est la logique seulement qui le donnera. Et je ne veux les faire étouffer et crever que de honte et de remords. Et non pas même à ravaler le vomissement de leur traîtrise et de leur blasphème scélérat envers la patrie ! Mais, sans plus, à toucher le fond de leur stupidité.

Car on aurait trop beau jeu, vraiment, à fouailler

ur sérénité imperturbable, leur abominable
tention d'impartialité, avec ces étrivières san-
ntes :

— Quoi ! vous oubliez donc totalément toutes
 infamies, turpitudes, atrocités, commises et
lues par cette méthode, cette préparation,
te organisation, et le terrorisme et le sadisme
gés en système de guerre ? Et vous voilà pros-
s à plat ventre avec leurs intellectuels pour
thóoser, non seulement ces hideuses prati-
es, mais la théorie qui en a formulé les lois
 Moloch en exécration à l'humanité depuis
'elle n'est plus barbare ! Alors, c'est donc tout
 musée d'horreurs que votre admiration admire
ssi, puisque voilà les chefs-d'œuvre dus à leur
ltur ?

Mais non, je le répète, foin de ce facile triom-
he, qui serait au reste traité de *sentimental* par
es pourceaux et les gorilles et leurs admirateurs !
onvaincre les uns et les autres de bêtise, d'in-
ondable et incurable bêtise, c'est encore le châ-
ment qui les frappera le plus fort. Allons-y du
oup de poing donné par la logique, et qui effon-
re tout ensemble admirateurs et admirés !

Méthode, préparation, organisation, à quoi
ela se juge-t-il, sinon au résultat final obtenu ?
Or, quel miracle ont-ils produit, les quarante-

quatre ans d'efforts tendus vers notre anéantissement, l'attaque brusquée sur Paris après la
violation de la Belgique, la ruée des zeppelins et
des sous-marins dans l'air et sous les eaux,
l'assassinat des non-belligérants, les massacres,
les incendies, les torpillages, l'invasion de la
Russie, l'occupation de dix départements français, et toutes les soi-disant victoires annoncées
par les mensonges de l'Agence Wolff? Le miracle produit par tant de merveilles, il a nom :
le Miracle de la Marne.

Et ce miracle dure depuis un an ! Et c'est pour
en éviter les ultimes et certaines et maintenant
prochaines conséquences, que l'Allemagne désire
aujourd'hui la paix, l'Allemagne toute seule,
toute seule !

Allons, ses admirateurs, criez donc une fois
encore votre admiration pour sa méthode, son
génie ! Ou plutôt, pour sa banqueroute, si vous
voulez être sincères !

Nous, ce que nous aurons à crier, c'est notre
admiration sans bornes, absolue, infinie, pour
cette chose unique, qui dépasse toutes les limites,
qui fait éclater l'absolu et l'infini eux-mêmes, et
qui est, ô pauvres imbéciles, votre stupidité.

———————

16 septembre.

XVI

Idées fixes.

Ah! qu'il est donc gentil pour nous, et d'une gentillesse incessamment renouvelée, toujours féconde en trouvailles fines, en ingénieuses surprises, en imprévus montant les uns par-dessus les autres, notre suave Tartufe berlinois!

Voici qu'il vient encore de s'y manifester, sans conteste possible, absolument *über alles*, et de nous étonner une fois de plus en battant ses propres et déjà si fameux records, en ses *delikatessen* de tartuferie. Ne craignons pas de l'avouer, et de lui témoigner à cet égard, et avec tous les égards qu'il mérite, notre profonde admiration, comme si nous étions des socialistes allemands!

C'est dans le gilet d'un des susdits, le nommé Austin Fendrich, que ce *fourbum imperator* a déposé la suprême et plus belle perle de son hypocrisie, sous forme d'une larme qu'il y a versée.

Versée à propos de quoi? De ses crimes? Des abominations qu'il a commises et fait commettre par son peuple, y compris ses intellectuels et ses

socialistes ? Non, non. Bien mieux que cela.
Vous n'y êtes point.

Versée sur qui, cette larme, alors ? Sur les
mères, les veuves, les orphelins, j'entends celles
et ceux de chez lui, tout au moins. Non plus. Vous
n'y êtes pas encore. Est-ce que cela aurait quelque
chose de neuf, d'imprévu ? Cherchez mieux.

Cherchez en plein extraordinaire, en plein
kolossal, et surtout en pleine et pure gentillesse
pour nous ! Cherchez à cette larme inattendue,
originale, savoureuse, miraculeuse, une cause
qui ait de quoi vous époustoufler, et tout ensemble vous charmer dans l'époustouflement !

Si vous n'avez pas lu la brochure où Austin
Fendrich raconte l'*interview* que lui a donnée
son gracieux Empereur, vous ne devinerez jamais. Et même, après l'avoir lue, cette brochure
du socialiste badois, c'est à peine si vous pourrez
y croire, à la source d'où a coulé cette larme, cette
perle, ce diamant.

Sur qui pleure aujourd'hui le Bonnot couronné,
le cabotin qui a déjà joué tant de rôles, et qui
tient cette fois-ci l'emploi de crocodile ? Eh bien,
c'est vous, c'est nous, c'est la France.

Pauvre France ! Il la juge en déclin, en décré-
pitude. Et il pleure sur elle.

Pauvres de nous ! Il affirme que nous faisons la

rre en barbares, en vrais sauvages, au moyen
rreurs *sans nom* et de crimes *si effrayants,*
seul *un livre secret pourra les raconter un jour.*
cependant, au lieu de nous haïr pour tant de
nstruosités, il s'attendrit à *désespérer de notre*
érison. Et il pleure sur nous.

Pauvre pays que nous sommes! Hélas! un pays
damné. Un peuple qu'*on avait toujours consi-*
ré comme noble et chevaleresque, en être arrivé
! Devant une telle *démoralisation,* que faire,
non pleurer des *larmes de honte?*

Et il les pleure sur nous, dans le gilet socia-
te du Badois. Et le Badois en a, lui aussi, les
ux mouillés, comme si son gilet en devenait
ne fontaine jaillissante, un geyser de tendresse.

Ne sont-ils pas vraiment gentils pour nous, le
dois et son Kaiser? N'y a-t-il pas de quoi nous
umidifier nous-mêmes dans leur charitable
yser?

Quelle belle chanson de rigolade à rimer pour
os poilus!

Mais pardon! Il ne s'agit pas de rigoler ici. Le
rocodile de Potsdam ne se contente pas de
eurer sur nous. Ce pleureur est aussi un pen-
ur, et même un panseur. Sa pitié, tout en
ésespérant de guérir notre mal, consent à nous
n diagnostiquer la cause, pour le cas où nous

voudrions nous soigner. Écoutons l'oracle d'Épi-
daure.

Si le peuple français en est à un tel point de
démoralisation, de *décadence*, s'il est définitivement perdu et *condamné*, c'est parce qu'il est
victime d'une idée fixe, voilà !

Tel est l'arrêt rendu par le Mégalomane lar-
moyant, et enregistré dans le gilet du Badois
socialiste, qui partage cet avis. Ainsi parla Zarathoustra, interviewé par son porte-coton.

Ah ! quel dommage qu'ils n'aient pas su, tous
deux, la vérité entière ! Ce n'est pas une larme
qu'aurait versée Tartufe, une seule et unique
larme : c'est sous un océan de pleurs qu'il eût
noyé le gilet de Fendrich, et tous deux en eussent crevé de pitié, de honte, de charité, de tendresse à notre endroit, pauvres, pauvres victimes
que nous sommes !

Car nous ne sommes pas victimes d'une misérable petite idée fixe, sans plus, comme ils l'ima-
ginent. Non, non ! Elles sont des tas et des tas,
nos idées fixes, et en voici, par exemple, quelques-unes.

D'abord, nous avons l'idée fixe d'être libres et
de mourir plutôt que de ne plus l'être, libres,
libres, libres.

Puis, nous avons cette autre idée fixe, d'aider,

nd nous le pouvons, et parce que nous le
vons, tous nos frères, les hommes, à rester
es s'ils le sont, et à le devenir s'ils veulent
re, libres, libres, libres comme nous.

Nous avons encore l'idée fixe que le droit est
périeur à la force et qu'il exige impérieuse-
nt d'être protégé, défendu contre elle, partout
toujours, et jusqu'au bout.

Nous avons l'idée fixe de l'honneur, qui con-
ste à tenir la parole donnée, à y sacrifier les
térêts les plus chers, la vie elle-même s'il le
ut, et avec joie, avec ivresse, avec le sourire
r les lèvres.

Nous avons l'idée fixe de marcher vers la
mière, la justice, la paix entre tous les hommes
de n'y arriver par la guerre que si des fau-
eurs de ténèbres, d'oppression tyrannique et de
massacres nous y obligent en nous sautant à la
gorge.

Nous avons l'idée fixe d'exterminer les Bar-
ares qui veulent exterminer la civilisation et
mener le monde au chaos des temps préhis-
toriques.

Nous avons l'idée fixe, après avoir remporté
victoire de la Marne, de remporter celle de
Aisne, puis celle du Rhin, puis toutes celles
ont le monde a besoin.

Et si tu dois verser une larme sur chacune de nos idées fixes, tu vois, ô crocodile de Berlin, et tu vois, toi aussi, ô Badois socialiste qui lui sers d'urne lacrymatoire, vous voyez tous deux combien il vous en reste encore à répandre et à recueillir, et que ton gilet n'y suffira point, ô Badois, et que tes yeux, ô Kaiser, finiront, comme dit notre vieux Corneille, par *se fondre en eau*.

Du moins, l'eau dont il parlait, lui, notre poëte, c'était la noble rosée distillée par les beaux yeux de Chimène. Celle où se fondront tes yeux de Tartufe, à toi, ne sera qu'une eau sale, bonne à être épongée par les langues de tes Intellectuels et de tes faux socialistes.

23 septembre.

XVII

Incurables.

Existe-t-il encore de par le monde, même parmi les neutres les plus neutres, les plus volontairement aveugles et les plus hermétiquement sourds, existe-il encore quelque penseur assez serein et serin pour ne point reconnaître que la mégalomanie germanique est définitivement

stitutionnelle et absolument incurable? En
vérité, on n'ose le croire.

Et cependant, qui sait? La pensée, chez certains soi-disant penseurs de cet acabit, est un
abîme de stupidité quand ils se trompent, et
orgueil quand ils s'entêtent dans leur erreur!
Leur Tour d'ivoire les mure au fond de ténèbres
compactes!

Songez à tant d'assauts qu'elle a dû subir déjà,
leur Tour d'ivoire, et sous lesquels quand même
elle est restée inexpugnable, ces sourds et ces
aveugles ne se décidant pas à cesser d'être muets,
et à crier avec toute l'humanité convaincue :

« Eh! bien, oui, nous l'avouons enfin, oui,
nous sommes forcés de l'avouer, devant l'évidence, oui, la Germanie est en proie, la Germanie entière, depuis le haut jusqu'en bas, au
délire mégalomaniaque. »

Que de preuves irréfutables n'en a-t-elle pas
données déjà, en effet, la hideuse malade! Ses
actes, ses gestes, ses crimes contre nature, qui
font horreur au monde, ne sont-ils pas patents,
constatés et authentiqués par les témoignages les
plus indiscutables, et par le plus indiscutable de
tous, par son témoignage à elle-même?

Et le voilà en particulier, le symptôme capital
qui devait forcer la conviction des pires dou-

teurs, ouvrir les yeux aux aveugles les mieux
clos, briser le tympan des sourds les plus hermétiquement bouchés. Comment ont-ils pu résister
à cet aveu, à cette déclaration de principe affirmant la démence du dément?

Car, loin de dissimuler son mal, l'affreuse
malade, elle le glorifiait et s'en glorifiait. Elle en
faisait une religion dont elle avait l'audace de
prêcher l'Évangile.

Ses actes, ses gestes, ses crimes, auraient pu
être pris pour des manifestations de son mal,
mais involontaires et inconscientes. Elle tenait,
au contraire, à les ériger en pratiques méthodiquement issues d'une théorie, et selon des règles
raisonnées qu'elle professait comme des articles
de foi.

Ainsi l'on voyait à plein que le mal ne rongeait
pas seulement ses nerfs détraqués, son sang
vicié, mais qu'il empoisonnait tout son être, ses
moëlles les plus intimes, et surtout, surtout, son
cerveau. La mégalomaniaque ne se contentait
pas d'agir en délirante, elle se délectait à délirer,
et s'enorgueillissait de délirer, et voulait exiger
de tous les peuples ce que faisait son peuple à
elle-même, l'apothéose de son délire.

Rappelez-vous, sans qu'il soit besoin d'insister
davantage ni de commenter longuement, rappe-

vous ces trois significatives expressions de
mal, où le grotesque seul le dispute à la
monstruosité : les boniments du Kaiser en tutoie-
ment avec son vieux dieu ; le *Magnificat* que lui
a chanté ses quatre-vingt-treize intellectuels,
à plat ventre dans l'extase mystique ; l'*amen* dé-
votieux qu'y ont ajouté, à l'unanimité moins une
voix, les génuflexions caporalisées de sa Social-
demokratie.

Eh ! bien, il faut croire que cela encore ne
suffisait pas à dessiller les yeux et à déboucher
les oreilles des aveugles et des sourds obstinés
dans leur volonté de rester muets, puisque nul
n'est sorti de la Tour d'ivoire pour crier avec le
monde entier que la mégalomanie de l'Allemagne
est incurable.

Mais, pour le coup, j'en réponds, ils vont enfin
se résoudre à le crier, et même à le hurler, devant
la suprême trouvaille de louffoquerie où vient de
s'épanouir la pauvre bougresse. Qu'ils écoutent
plutôt ! C'est à en crever de rire.

Savez-vous quelle sera la langue de l'humanité, après la guerre ? Ce sera la langue allemande, voilà !

Ainsi le proclame Herr Doctor Fischer, du haut
de sa chaire professorale, à l'Université d'Heidelberg. Et ainsi le répètent après lui, en se gar-

garisant de sa proclamation, les journaux sans nombre dont le pain quotidien est le *Deutschland über alles.*

Et il en donne les raisons, cet imbécile, et il les donne gravement, ce qui les rend encore plus drôlatiques, comme de juste. Il expose les fruits que retireront, de l'allemand substitué au français, la science, la diplomatie, le commerce, la philosophie, la religion elle-même.

A cause de quoi? A cause de sa clarté? Sa clarté à qui? A l'allemand, parbleu! A l'allemand? Mais oui, voyons, à l'allemand.

Quant aux autres langues européennes, que deviendront-elles? Répondez, suave docteur! Oh! il n'est pas embarrassé, allez! Toutes, plus ou moins, elles rentreront dans le rang d'où elles n'auraient jamais dû sortir, dans le rang des dialectes et patois germaniques, tels que le suédois, par exemple, le norvégien, le danois, le hollandais. Tel est l'arrêt, sans appel, du philologue heidelbergeois.

Quoi! Contre l'anglais aussi? Sans aucun doute. On le décrottera de ses superfétations latines et françaises; et, nettoyé, il sera une espèce d'allemand inférieur.

Et le russe? Peuh! le russe! Bon à faire un vague charabias mongol!

Mais le français, alors, lui? Éteint au bout de deux générations, dans la France conquise, il n'y aura plus que *l'argot de la populace.*

Merci, ô kolossal bélître d'Heidelberg, merci à toi qui viens d'administrer la preuve dernière, par l'absurde, poussée à l'infini, de la mégalomanie germanique et de son incurabilité! Et si, après celle-là, il reste encore un neutre qui en doute, qu'on le mette avec toi, ton peuple, vos intellectuels, votre Kaiser et toute la Germanie... où ça?

Dame! Aux Incurables.

———

30 septembre.

XVIII

Le petit Kaiser.

Le petit Kaiser... (oh! tout petit, petit, en vérité, bien qu'il soit un grand et gros homme), donc, le petit Kaiser, *à l'instar*, c'est le roi Ferdinand.

Et mettons s'il vous plaît, le roi tout court. Ajoutons, si vous y tenez absolument, pour préciser : de Saxe-Cobourg et Gotha.... Mais rien de plus, je vous prie!

Gardons-nous surtout, en l'occurrence présente, de l'appeler roi de Bulgarie, et encor
moins, comme il aime tant à se titrer lui-même,
tsar des Bulgares.

Est-il bien certain, en effet, d'incarner pour
le quart d'heure l'âme du royaume qu'il sacrifie
à son ambition personnelle? Aura-t-il l'autorité
qu'il faut pour les en convaincre, ces Bulgares
dont il est le tyran, et pour les entraîner tous
à sa suite sur le chemin d'ingratitude et de
trahison scélérates où vient de le jeter définitivement la mégalomanie contagieuse de son
patron?

Car il l'est aussi, lui, le petit Kaiser, il l'est,
mégalomaniaque, et à fond aussi, comme le
grand, avec non moins de fureur démente,
quoique avec un peu moins de motifs, avouons-le.

L'autre a quand même quelques raisons d'avoir
perdu la raison. Depuis tantôt un demi-siècle
que le *Deutschland über alles* le soûle sans
relâche, par la voix de ses hobereaux et de ses
philosophes de proie, et de ses intellectuels et
de ses socialistes communiant dans l'extase du
même hideux caporalisme, après toutes les indigestions d'orgueil et les congestions de prospérité qu'il a subies, maître d'une race bien
soumise, disciplinée, organisée, tenace, pullu-

...e, ne pensant qu'à dévorer le monde, il est ...que excusable de s'être cru le Surhomme ...tiné à l'incarner, cette race, et à s'apothéoser ...ec elle sous la figure divine du Moloch dé-...rateur.

...ais lui, le Saxe-Cobourg et Gotha, le prin-...ticule vaguement en quête de quelque prin-...pauté vacante sur l'échiquier de la diplomatie ...ropéenne, lui, l'ambitieux cosmopolite men-...ant à droite et à gauche la sportule d'un pays ...i assurant la pâtée et la niche, lui, vraiment, ...uels motifs avait-il de le devenir, dément et ...mégalomaniaque ?

...Oui, je sais bien, les hasards de l'échiquier en ...t fait un prince régnant, puis un roi ; et les ...ulgares, sur lesquels il régnait, ont été souvent ...ppelés les *Prussiens des Balkans.* De là, sans ...oute, est venue l'intoxication décisive qui a ...hangé le Saxe-Cobourg et Gotha en petit Kaiser.

...L'explication est plausible. Elle est, d'ailleurs, ...a seule à fournir. Mais le pauvre Ferdinand n'y ...gne rien, qu'un surcroît de ridicule.

...Alors, quoi ? C'est uniquement sur la foi de ...e mot « les Prussiens des Balkans », qu'il ...rait fondé le *Credo* en son étoile ? C'est dans ...tte bulle qu'il aurait soufflé son rêve ! Il aurait ...maginé cette bulle devenant la boule du monde

posée dans sa dextre impériale! Parce que les
Prussiens du Nord ont fait de leur Hohenzollern
l'empereur d'Allemagne, et parce que ce Hohenzollern aspire à être l'empereur d'Occident, il
aurait espéré, lui, le Saxe-Cobourg et Gotha,
que les Prussiens des Balkans feraient de leur
roi un tsar, et comme qui dirait l'Empereur
d'Orient!

Mais oui, oui, n'en doutez pas, c'est cela, c'est
cela même! Et, du coup, voilà que la mégalomanie du petit kaiser apparaît plus folle encore
que celle de l'autre, s'il peut y avoir des degrés
dans cette folie, et si l'autre ne semblait pas
avoir atteint déjà le plus haut sommet de l'absurdité!

Eh bien! il ne l'avait pas atteint, il faut le
reconnaître. Le Kaiser *à l'instar* a battu le
record du vrai Kaiser. Gloire, dans le domaine
de la mégalomanie, au Saxe-Cobourg et Gotha
vainqueur du Hohenzollern!

Guillaume, empereur d'Occident *à la manque*,
c'était beau. Mais cela ne valait pas Ferdinand,
empereur *raté* de Byzance.

Car ceindre son front de ce diadème, tels
étaient son rêve, son ambition, sa foi, sa loi, au
Ferdinand, et c'est pourquoi il n'a ni foi ni loi
envers personne, et pourquoi et à quoi il sa-

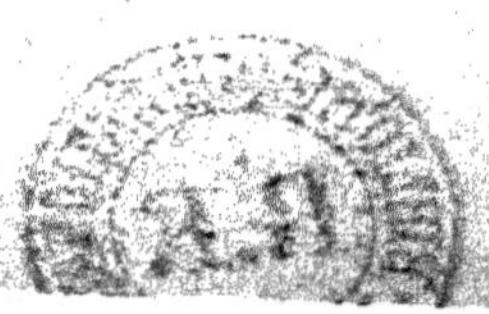

nfle tous les rêves légitimes et toutes les nobles ambitions de son peuple, et pourquoi il espère et veut le rendre, ce peuple bulgare, aussi fourbe, ingrat, et traître, et infâme, qu'il est lui-même à l'heure actuelle, le petit Kaiser, le Kaiser *à l'instar*, le mégalomaniaque, le ridicule et lamentable Empereur *raté* de Byzance!

Mais y arrivera-t-il, aidé pas son Bethman-Holweg qui s'appelle Radoslavoff, y arrivera-t-il, avec ses inventions de *neutralité armée*, et ses protestations d'innocence, la main sur le cœur et la bouche en cul de poule, envers la Roumanie redoutée et la Grèce haïe, y arrivera-t-il, à faire de son peuple son complice et l'allié des Allemands contre les Russes libérateurs de la Bulgarie?

Pour l'honneur des Bulgares, et aussi pour l'honneur de l'humanité, il faut espérer, il faut croire que non. De toutes les horreurs, de toutes les abominations outrageant le droit et la morale des peuples, celle-ci serait la plus horrible et la plus abominable. Nous voulons qu'elle nous soit épargnée.

Mais sachons, cette fois, le vouloir. Déjà nous avons employé à cet effet le meilleur moyen, par notre nouvelle victoire en Champagne

7

Redoublons! Soyons victorieux là-bas aussi, du côté de Byzance!

La légende assure qu'à l'apparition des Turcs dans Sainte-Sophie, le prêtre en train d'y célébrer la messe entra dans le mur du fond, et qu'il en ressortira pour achever sa messe le jour où les Turcs quitteront Byzance.

Ce jour-là, si Ferdinand doit pénétrer dans la basilique, il faut que ce soit entre quatre gendarmes, un bulgare, un serbe, un grec et un roumain, et qu'il voie surgir de la muraille rouverte un pope russe ayant pour diacres un matelot anglais, un bersaglier et un pioupiou de France.

----

7 octobre.

XIX

Leurs aveux.

Voici enfin qu'ils se résignent à ne plus être les disciples d'Avinain, lequel est resté célèbre pour avoir, dans la lunette même de la guillotine, et du haut de sa tête déjà presque tronchée, crié encore éperdument :

« N'avouez jamais ! »

On sait avec quelle maëstria ils avaient jusqu'à présent répété sa leçon, en toutes circonstances. Ils en étaient touchants, d'obéissance passive, d'obstination imbécile. Kaiser, ministres, généraux, soldats, folliculaires, intellectuels, socialistes, espions, du plus grand au plus petit, indistinctement, ils niaient tout.

Leur chef-d'œuvre en ce genre, comme qui dirait leur pas de l'oie dans cette revue où le mot d'ordre était de ne rien avouer jamais, ils l'avaient fourni, croyait-on, une fois pour toutes, avec le fameux manifeste des 93. On n'a pas oublié ce défilé de paragraphes, à la queue-leu-leu, débutant chacun par le hideux et grotesque :

« Il n'est pas vrai que.... »

Après quoi venait le désaveu solennel de quelque infamie, scélératesse, atrocité, dûment établie, patente, évidente, au vu et au su du monde entier. C'était inouï, magnifique, d'impudence dans la dénégation. Avinain devait en tressaillir d'orgueil au fond de sa tombe, et avoir envie d'en sortir pour leur crier :

« Votre empereur, c'est-à-dire Bibi, est content de vous ! »

Ce n'était pas mal, en effet, comme application de sa suprême consigne, donnée, sous le couperet de la guillotine, à ses dignes élèves et

successeurs dans l'art de l'assassinat et de n
point l'avouer.

Quand même, depuis ce chef-d'œuvre, les
Allemands avaient trouvé mieux encore, si l'on
peut dire. Oui, vraiment, oui, mieux encore,
disons-le! Car ils avaient, tout récemment, trouvé
ceci : nier la victoire de la Marne.

Après mûre réflexion, ils en étaient venus à
prétendre, et à tâcher de faire croire aux neutres,
que la reculade sur l'Ourcq et la Marne, et la
noyade de la garde impériale dans les marais de
Saint-Gond, et leur offensive brusquée devenant
défensive terrée, n'étaient qu'épisodes voulus
par eux au cours d'une campagne ayant pour
but final l'Aisne, où ils s'étaient accrochés victo-
rieusement, indéracinables contre toutes nos
attaques.

Et voilà! Telle était leur dernière invention,
à faire pâlir, non plus d'orgueil, mais bien d'envie, Avinain lui-même, tant elle témoignait de
puissance et de ténacité dans la mise en pratique
de son prodigieux :

« N'avouez jamais! »

Et soudain, ô prodige le plus étonnant de tous
les prodiges, ô vrai miracle, celui-ci, et qu'on
peut appeler le miracle de la Champagne, soudain, ils avouent!

ils avouent quoi donc ? Mais notre victoire en Champagne, parbleu ! Ni plus ni moins ! Elle, et en plein, et tout à trac, et sans qu'on en puisse douter le moins du monde. Elle, absolument, notre victoire, il n'y a pas à dire non, ils l'avouent !

Lisez plutôt leurs feuilles, entre les lignes d'abord, puis au plus épais des lignes elles-mêmes, et voyez jusqu'où ils vont, dans leurs aveux.

Oh ! ils n'ont pas avoué du premier coup, bien sûr ! Ils ont commencé par chercher des circonstances atténuantes à leur défaite : comme quoi, par exemple, ils nous étaient numériquement inférieurs, et inférieurs aussi en artillerie et en munitions. Mais ils n'en ont pas moins, et tout de suite, rendu justice à la violence et à l'efficacité de notre offensive. Témoin ceci, dans le *Berliner Tageblatt* :

Il est manifeste qu'il s'agit là d'une lutte grave et formidable, et que l'ennemi a su organiser et préparer puissamment. Il serait ridicule pour nous d'en méconnaître par légèreté la terrible importance.

Savourez aussi cette confidence du Kronprinz de Bavière à un correspondant du journal *Hamburger Nachrichten* :

La dernière attaque des Alliés sur le front de l'Ouest a été la plus redoutable de cette guerre de tranchées.

Et le Kronprinz a beau qualifier notre succès de *temporaire*, et se flatter de nous arracher prochainement, morceau par morceau, tous nos *gains*, n'empêche qu'il a été obligé de prononcer ces deux mots significatifs, ces deux aveux, touchant notre *succès* et nos *gains*.

Pendant que nous y sommes, régalons-nous encore de deux petits extraits qui ne sont pas sans agrément, l'un dû au *Lokal Anzeiger*, et l'autre aux *Dernière Nouvelles de Munich*.

Inutile, dit le premier, *de ne pas avouer que la nouvelle offensive ennemie est de la plus haute importance, qu'elle tend de tout son effort à un succès décisif, et que l'on ne sait pas jusqu'où peut persévérer cet effort.*

Et le second renchérit de la sorte :

Il ne faut pas se figurer que les Français vont suspendre leurs attaques, d'autant plus qu'ils continuent à remporter QUELQUES SUCCÈS.

Sans doute, après les circonstances atténuantes de tout à l'heure, on nous chante encore pouilles d'autre part, pour ravaler ces succès incontestés, en nous reprochant, par exemple, comme la feuille *Kœlnische Volkszeitung*, d'avoir dû notre

...oire à ce que nous étions *ivres*. Bah! qu'im-
...te l'insulte! La victoire reste, avouée par

...t ce qu'ils avouent en plus, écoutez-le; c'est
...possibilité de.... Mais lisez, lisez! C'est encore
...bon journal de Munich qui nous offre ce joli
...p de riquiqui, versé à notre espoir par le
...néral von Blume:

MÊME UNE RUPTURE DE NOTRE FRONT PAR LES
...ANÇAIS *n'a rien qui puisse nous effrayer. Elle
...ovoquerait une bataille en rase campagne, que
...ous considérerions comme une occasion favorable.*

...Merci, général von Blume! Comme à la Marne,
...ors, n'est-ce pas? Une occasion favorable pour
...ous, alors, n'est-ce pas? Mille grâces, général!
...Quand vous voudrez!

14 octobre.

XX

Nil admirari.

Nil admirari. Ne s'étonner de rien. Parmi tant
...'excellents adages qu'a légués à ses hoirs la
...agesse antique, voilà, certes, l'un des meilleurs
...t dont nous avons à lui rendre le plus de grâces.

Sans doute, étions-nous prédisposés de natu
pour en goûter tout le sens et en tirer tout
profit. N'importe ! C'est elle qui en a trouvé
formule. Bénies soient donc les *humanités* q
nous ont transmis cette formule et en ont fa
une des règles de notre pratique !

Nil admirari. Ne s'étonner de rien. Telle est, e
effet, la devise française. Et c'est bien, finale
ment, la sagesse antique, classique, méditerra
néenne, qui nous en a, de génération en géné
ration, infusé jusqu'à l'os la *substantificque moëll*
comme dit si savoureusement notre Rabelais.

Or, de cette moëlle, vient notre force.

Quoi qu'il arrive et qu'il nous arrive à nous
en particulier, fût-ce de fâcheux, voire de grav
et surtout d'imprévu, notre premier mouvemen
instinctif et naturel, et raisonné en même temps
c'est de n'en pas être étonnés du tout.

Si bien que nous ne sommes jamais pris san
vert ! Si bien que nous restons toujours prêts
nous retourner du côté qu'il faut ! Si bien qu'i
n'y a point de coup contre lequel nous puission
nous trouver soudain sans parade !

Ainsi avons-nous fait tête à l'attaque brusquée
sur Paris, après Charleroi, après la retraite jus
qu'à la Marne. Un autre peuple se fût laissé éton
ner, et son étonnement eût dégénéré en écrase

...nt. Notre *nil admirari*, à nous, s'est mani-
...té par cette riposte foudroyante d'une victoire
...lement extraordinaire qu'on l'a qualifiée de
...racle.

On savait de reste que nos soldats étaient
...résistibles dans l'offensive par leur élan, leur
...ougue. Le sachant, on les condamne à la défen-
...ve, aux tranchées, à la guerre de siège, immo-
...le, comme qui dirait à la guerre sédentaire.
...ous nous y accommodons aussitôt. Et notre *nil
admirari* enfante les poilus. Douze mois de
...uttes sans trêves, en taupes ! Excusez du peu !

La force germanique avait pour causes qua-
...nte-quatre ans de préparation et, au dire de
...eurs savants, le génie de l'organisation. Nous
...utres, nous n'étions pas préparés. En outre,
...paraît-il, le génie de l'organisation nous fait
...défaut absolument.

Pour le coup, il y avait de quoi, une fois ces
...constatations établies, non seulement être éton-
...nés, mais l'être jusqu'à *l'épatement* complet, dé-
...moralisant, destructeur de toute énergie, dévo-
...rateur de tout espoir.

Mais quoi ! Même à cela, le *nil admirari* a
...des réponses. Loin de nous croire perdus, battus,
...sans ressources, nous nous mettons à crier en
...souriant :

« Des canons ! Des munitions ! »

Et, joignant le geste au cri, après nous être révélés les poilus des tranchées, nous nous révélons les poilus de l'usine. Et nous improvisons une artillerie lourde, des obus *en veux-tu en voilà*, et de tous les calibres, à faire crever de rage les plus grosses Berthas, et à crever effectivement les dômes bétonnés les plus bochement épais, et à effondrer la première ligne de taupinières, puis la seconde, et à y cueillir des canons par dizaines de dizaines et quelque vingt-trois mille kamerades faits prisonniers !

Et même cela, même la joie de cette nouvelle victoire, avouée par eux-mêmes, n'arrive pas à nous faire sortir de notre calme et imperturbable et ironique *nil admirari*.

Pourquoi, en effet, et de quoi, cette fois-ci encore, serions-nous donc étonnés ? Ne sommes-nous pas résolus à le garder jusqu'au bout, jusqu'au triomphe voulu définitif, notre confiant sourire, jolie fleur que nous met aux lèvres le *nil admirari* faisant notre force ?

Et voilà maintenant qu'un nouveau front de bataille s'ouvre là-bas, dans les Balkans, où toutes les prévisions de la diplomatie, et même de la logique, et aussi de la reconnaissance, semblent crouler en château de cartes ! Voilà

autre effort va être nécessaire, auquel
ne devions pas, nous ne pouvions pas, nous
dre ! Ah ! pour le coup, adieu le *nil admi-*
n'est-ce pas ? Et nous sommes sans doute
nés ?

llons donc ! Étonnés, nous ? Pas plus qu'au-
vant. Étonnés pourquoi, voyons ? Étonnés
quoi ?

De ce que le Saxe-Cobourg et Gotha soit un
on, forçant son peuple à trahir la Russie, sa
ératrice, à s'allier contre elle avec le Turc et
Boche ? De ce qu'il souille ainsi le peu de sang
ançais resté dans ses veines ? De ce qu'il ait
rgement mérité le beau soufflet infamant qui
ent de lui être infligé par son neveu, le brave
loyal Montpensier ?

Mais non, mais non, cela ne nous étonne pas.
ous applaudissons au soufflet, et c'est tont.

Alors, de quoi nous étonnerions-nous encore
rmi les choses de là-bas ? Du silence et de
immobilité que gardent la Grèce et la Roumanie,
n peu plus qu'il ne leur est permis peut-être ?

Pardon ! Là aussi, le *nil admirari* demeure la
onne consigne. Oui, même si nos deux *amies*
oussaient la neutralité jusqu'à la trahison com-
ète envers nous. Mais elles n'en sont pas là,
ourtant ! Les deux nations ne doivent pas être

confondues, quand même, avec leurs gouver[n]
ments de Hohenzollern. Attendons, que diab[l]

Et puis, je le répète, quoi qu'il arrive, [
renonçons pas, ne renonçons jamais à no[t]
belle et sereine devise, à l'adage que nous [
légué la sagesse antique, au *nil admirari*, q[
est notre moelle et notre force.

Là-bas, comme sur l'Aisne, et l'Yser, et [l]
Marne, nous vaincrons, ne fût-ce que par cet[
force-là. Et il n'y a au monde qu'une seule chos[
dont la France s'étonne : c'est que l'Allemagn[
s'imagine encore qu'elle puisse nous étonner.

21 octobre.

XXI

Leur dernier bluff.

Oui, parfaitement, vous avez bien lu, et j[e]
dis bien, et en toutes lettres :

« *Le dernier!* »

Je le dis, au reste, posément, sans le crier [
tue-tête, sans grand geste à l'appui de mo[n]
affirmation, pourtant résolue. Je le dis comm[e]
une réalité très nette, très simple, très naturelle, que je sens visible, tangible. Je le di[s]

autant de tranquille certitude que je dirais,
exemple :

« Deux et deux font quatre. »

Et du diable si, après l'avoir dit, je trouvais
quelqu'un ou quelque chose ayant le pouvoir de
forcer à m'en dédire !

Pourquoi je le dis de la sorte ? Pourquoi je ne
crains pas, en le disant ainsi, d'avoir l'air outrecuidant aux yeux des personnes les moins
malintentionnées, et absolument ridicule, sinon
pire encore, aux yeux des autres ? Bref, pourquoi
je me risque, de sens rassis et de gaîté de cœur,
à plein *cavalier seul* hors des plus folles limites
permises au plus fougueux optimiste ?

En toute humilité, mais aussi en toute conscience et en toute sincérité, voici :

D'abord et d'une, parce que cet optimiste, je
n'ai point cessé, un jour, de l'être, depuis
quatre-cent-quarante-quatre jours aujourd'hui
ou demain, que dure la guerre, et parce que,
après ces quatre-cent-quarante-quatre jours
écoulés, je le suis plus que jamais, et parce
que, même après quatre-cent-quarante-quatre
autres jours pareils, je le serais encore et encore
plus que jamais, sans aucun doute, et ainsi
toujours et toujours, s'il le fallait, jusqu'à la
consommation des jours.

Voilà! Voilà! Et voilà!

Peut-être bien, nonobstant, que vous a[v]
besoin, outre cette raison unique et péremptoi[re]
de quelques raisons supplémentaires p[o]
admettre la tranquille certitude avec laquelle [je]
qualifie de *dernier* le présent bluff germaniqu[e]
dans les Balkans. Soit donc! Je ne me dér[o]
berai point à votre exigence.

N'attendez pas de moi quand même que je m[e]
livre ici à de prétentieuses considératio[ns]
techniques, capables d'éclairer votre lanterne [et]
la mienne dans ce pot-au-noir où les plu[s]
experts n'y voient goutte. J'y pourrais tâche[r]
tout comme un autre, et sans doute ne m'en tire[-]
rais pas moins bien que beaucoup d'autres; ca[r]
les éléments d'information ne manquent guère[.]
Mais c'est de leur abondance surtout, me sembl[e]
t-il, que viennent les pires ténèbres. Et, par sur[-]
croît, je ne me reconnais aucune aptitude [à]
débrouiller les écheveaux diplomatiques, ni [à]
jouer le rôle de stratège en chambre.

N'empêche qu'à la simple et vieille chandell[e]
du bon sens, la marche du Kaiser vers la con[-]
quête de l'Asie ne saurait apparaître, convenez[-]
en, que sous la figure bien caractérisée d'u[n]
bluff. Elle évoque, à s'y méprendre, celles qu[i]
nous ont tant divertis chez nos bons classiques[.]

quand Guillaume s'appelait Pyrrhus ou Picrochole.

Puis, le Pyrrhus et le Picrochole d'aujour-
d'hui a-t-il, jusqu'à l'heure actuelle, agi autrement que par le bluff? Rappelez-vous celui de
l'attaque brusquée sur Paris, celui de la ruée
contre Calais d'où il allait bombarder l'Angleterre, celui de l'entrée, annoncée comme
devant être triomphale, à Varsovie, celui de
l'invasion en terre russe, menaçant Pétrograd
ou Moscou, et enfin, celui des sous-marins
grâce auxquels il pensait réaliser son grand
rêve prophétisant que l'avenir de l'Allemagne
était sur les eaux, tandis qu'il est finalement,
eh vous savez, dans le lac !

Cette fois, le bluff consiste à essayer de nous
faire croire que par Sofia, il va tout droit à
Sainte-Sophie, et que de là, il ira dans l'Inde, et
qu'après avoir raté son imitation de Napoléon,
il nous épatera en Alexandre. Mais quel nouveau bluff pourra-t-il bien imaginer encore,
pour succéder à celui-là?

A moins, comme l'a insinué joliment quelqu'un, qu'il ne lui prenne maintenant la fan-
taisie d'aller dans la lune !

Et c'est pourquoi, sans me croire un puissant
devin, sans me poser non plus en diplomate par-

ticulièrement averti ni en stratège qui v...
d'avance tous les tenants et aboutissants de...
campagne balkanique, je dis posément, de sen...
rassis et de gaîté de cœur, comme une réali...
très nette et tangible, que son bluff présent e...
leur *dernier* bluff, je dis bien, et en toute...
lettres, et je le répète :

« *Le dernier* ».

Au cas où mon affirmation, après tant de...
raisons que je vous ai données, vous semblerai...
encore un tantinet aventureuse, mettons, pou...
vous faire plaisir, que ce bluff sera l'avant-der...
nier. Mais alors, c'est que vous caressez l'espoir...
suprême de lui voir tirer, comme bouquet à ce...
feu d'artifice de bluffs, le bluff du voyage dans...
la lune!

Pour le coup, je cesse de vous prendre au...
sérieux, je romps les chiens, et restons-en là...
Nous n'y resterons pas trop longtemps, soyez-en...
certains : et croyez-moi, foi d'optimiste incorri...
gible, avant la fin de leur dernier ou avant-der...
nier bluff, il ne se passera plus quatre-cent-qua...
rante-quatre jours.

Que si mon optimisme vous fait envie, et si...
vous désirez vous en mettre un peu dans les...
veines, veuillez prendre la peine de lire ces...
quelques lignes, écrites par un homme qui nous...

...récie dans un journal qui ne nous aime pas :

Ceux qui ont vécu au milieu du peuple français ont appris à le connaître, ne sont pas étonnés de sa force de résistance. Le véritable peuple français n'est pas un peuple possédant uniquement de l'élan, c'est-à-dire capable d'un emballement purement momentané ; mais c'est un peuple susceptible, surtout, grâce à son amour pour sa terre natale, de la plus tenace endurance.

L'homme qui a écrit ces lignes fut longtemps correspondant, à Paris, du *Berliner Tageblatt* ; il s'appelle Théodor Wolff, et c'est dans le *Berliner Tageblatt* qu'il vient de les publier.

28 octobre.

XXII

« Matériel humain. »

C'est proprement l'équivalent, dans l'impassible vocabulaire spécial aux économistes, de ce que la langue courante, plus imagée, appelle *chair à canon.*

Il faut bien le reconnaître, d'ailleurs, quoique sans dessous lyriques aux images évocatrices, l'expression des économistes, par sa froideur

même et son appareil scientifique, est de beaucoup la plus affreuse et la plus sinistre. Pour
mon compte, la première fois qu'elle me saut
aux yeux, j'en eus un haut-le-corps.

Au cas vraisemblable où vous l'auriez eu aussi,
pardonnez-moi de vous en avoir, rien qu'à lire
mon titre, infligé ici l'écœurante secousse. —

Mais quoi ! On n'en est plus, n'est-ce pas, à
un haut-le-corps près, depuis tantôt quinze mois
que nous vivons tous en pleine horreur ? Va
donc pour *matériel humain*, puisque tel est le
vocabulaire spécial aux économistes, et quoiqu'il soit douloureux de confondre ainsi pêle-
mêle les victimes et les bourreaux, les soldats du
droit et ceux du crime, les héros et les apaches !

Et même, bénis soient-ils, ces économistes, si
du moins, sur ce hideux terreau, ils cueillent
de leurs mains froides quelque nouvelle fleur
pour le bouquet de nos espoirs et de nos certitudes !

Or, sachez-le tout de suite, et bénissez les
donc avec moi, voilà précisément ce qu'ils font.
Les chiffres, a-t-on dit, ont leur éloquence. Vous
allez juger à quel point, et combien cette éloquence, non seulement peut convaincre notre
raison, mais doit aussi exalter notre cœur.

La présente guerre n'a d'analogues dans l'His-

...re que les antiques guerres d'invasion barbare, ...il s'agissait de races s'entredévorant jusqu'à ...extermination totale. Aujourd'hui comme alors, ...n seul facteur essentiel, primant tous les au...es, décidait de l'issue définitive : précisément ...e *matériel humain*.

Eh bien ! à l'heure de la lutte où nous sommes ...rrivés, quel est, chez les barbares, les envahis...eurs, qui veulent nous anéantir, l'état de ce ...acteur essentiel ? Par quel chiffre s'évalue, chif...re exact, indiscutable, authentiquement établi ...usqu'à présent, et soumis pour l'avenir aux ...trictes règles du calcul mathématique, ce qui ...eur reste de *matériel humain* ?

Tout est là. Rien ne saurait prévaloir là-contre. ...e reste de *matériel humain* est-il suffisant, oui ...u non, à parachever l'œuvre qu'a entreprise ...'ennemi ? Ainsi les économistes posent le pro...blème, et il ne peut pas être posé autrement. ...t leurs chiffres en donnent la solution.

Vous trouverez tout au long et en détail ces ...hiffres implacables dans la revue *The Nineteenth ...Century*. Quoiqu'ils soient dus à l'un de nos ...lliés, à l'Anglais Edgard Crammond, les Alle...mands eux-mêmes n'y sauraient découvrir ...matière à chicane ; car ils furent relevés dans ...leurs propres statistiques, à eux, pour les pertes. Ainsi leur témoignage en est le contrôle.

Notez bien, au passage, que ces incorrigibles menteurs, loin d'exagérer les pertes, en ont certainement diminué l'importance. On sait de reste, par exemple, qu'ils ne font entrer en ligne de compte ni les morts à la suite de maladies, ni les mutilés, les infirmes, les convalescents incapables de redevenir des combattants.

C'est donc d'après leurs aveux, ainsi maquillés à leur avantage, qu'est dressé le bilan du déchet subi par leur *matériel humain*. Et c'est aussi d'après ce *minimum* que l'on calcule le déchet futur qu'ils devront subir encore.

Cela posé, la moyenne du déchet jusqu'au 15 octobre 1915 s'élève, par mois, à près de 300 000 hommes. En bonne logique, il faut estimer que cette moyenne est vouée à une augmentation fatale pour deux raisons irréfutables : d'abord l'infériorité guerrière des nouveaux effectifs employés désormais par l'Allemagne ; puis l'extension de sa dépense qui va porter maintenant sur un troisième front de bataille. Conclusion? Tirez-la vous-même. Les chiffres vous seront dictés, non par votre désir, mais bien par l'arithmétique toute seule.

Admettons, avec M. Edmond Théry dans l'*Economiste Européen*, et sur la foi du *Manuel de l'Ar-*

Allemande, unique autorité à quoi il faut faire appel, admettons que cette armée, au moment de la mobilisation, et en y incorporant tous les non-exercés de tous les *Ersatz* et de tous les *Landsturms*, constituait un total de neuf millions d'hommes.

Si maintenant, de ce total, évidemment enflé outre mesure, et enflé surtout d'éléments médiocres qui ne pourront passer du papier sur le terrain, si vous défalquez le chiffre des pertes, même réduit au *minimum* par les truquages notés plus haut, vous verrez de quoi se compose exactement à l'heure actuelle, le *matériel humain* de l'Allemagne.

Que si, d'autre part, sans la moindre exagération, sans aucun parti pris de vous leurrer vous-mêmes, mais en toute conscience, vous tablez sur l'accroissement fatal du déchet futur imposé par la loi mathématique à ce *matériel*, vous aurez la joie de constater, chiffres en main....

Mais j'ose à peine vous le dire. Tout poète lyrique et, par conséquent, exalté que je sois, j'avoue que ma foi hésite devant celle des économistes, tant les réalités qu'ils affirment dépassent nos plus belles espérances !

Faites-vous les dire plutôt par eux-mêmes, par l'éloquence de leurs chiffres, ces réalités démontrables et démontrées! Examinez-les, ces chiffres, passez-les au crible du doute et des critiques les plus pessimistes; et recommencez leurs calculs avec l'intention d'y trouver quelque erreur; et sortez-en dûment convaincus de leur exactitude scrupuleuse; et alors vous serez bien forcés de vous écrier comme moi qu'ils ont raison, absolument raison, et que le réservoir d'hommes où peut puiser l'Allemagne va doré-navant tarir dans une proportion qui, de proportion arithmétique, va devenir sous peu une proportion géométrique, et qu'ainsi son *matériel humain*, même renouvelé avec des Turcs, des Bulgares, des Kurdes et autres mercenaires, est irrémissiblement condamné à être anéanti par le nôtre, puisque le nôtre abonde en ressources sans fin, étant composé de nous, des Belges et des Serbes sublimes, de notre sœur latine l'Italie, de l'immense empire britannique, de l'énorme et inusable Russie, et, pour tout dire, de l'humanité entière, sauf quelques neutres et quelques pleutres, s'il en reste encore sur la terre au jour de notre dernière et certaine victoire !

XXIII

Les Surneutres.

Comme il y a, dit sagement notre vieux proverbe, « fagots et fagots », nous trouvions
depuis longtemps fort naturel qu'il y eût aussi
« neutres et neutres ».

Et donc, nous estimions les neutres en conséquence, non pas d'après leur titre seul, mais
bien d'après la façon dont ils le justifiaient.
Nous nous en référions, pour y arriver équita-
blement, à la claire explication que les dictionnaires donnent au proverbe susdit, à celle-ci,
par exemple, extraite de l'honnête *Petit Larousse
Illustré* (page 378) ;

« Prov. *Il y a fagots et fagots* : deux personnes
deux choses, de nature semblable, peuvent différer beaucoup par la qualité, le mérite, la
valeur. »

A la lueur de cette simple chandelle, sans
plus, nous faisions tout de suite, et très nettement, le départ entre tels neutres et tels autres.
Nous le faisions d'autant mieux, au surplus,
qu'une expérience, vieille déjà de quinze mois

passés, nous y donnait chaque jour davantage un coup d'œil et une maîtrise, que j'oserai, sans fausse modestie, qualifier d'incomparables.

C'est ainsi que nous avions fini, peu à peu, par dresser un catalogue vraiment fort exact de presque tous les neutres, avec toutes leurs variétés, toutes leurs nuances. Nous avions même poussé le scrupule jusqu'à y faire figurer les neutres dont la nuance et la variété consistent à ne l'être point.

Ils sont plus nombreux qu'on le pense, ceux-là, soit dit en passant. Nous ne l'avions pas cru tout d'abord, aveuglés que nous étions à leur égard, par notre confiance excessive ; mais nous sommes vite revenus sur leur compte, en chats échaudés qui craignent même l'eau froide. Et ces simili-neutres ne trompent plus personne, aujourd'hui, du moins chez nous.

Restaient, dans notre catalogue dûment établi, les vrais neutres, classés, selon l'explication du dictionnaire, par la qualité, le mérite et la valeur qui peuvent les faire différer beaucoup les uns des autres. D'après quoi, en toute impartialité, mais néanmoins avec des différences aussi dans notre estime, nous les jugions, comme c'était bien notre droit.

D'aucuns parmi eux, il faut en convenir, trou-

ient parfois que nous usions de ce droit avec
quelque sévérité. Ils avaient tort, ne craignons
pas de le dire. Notre jugement, en effet, savait toujours distinguer entre les peuples et leurs gouvernements, quand ceux-ci étaient seuls coupables
d'une neutralité germanophile où ils contrai-
gnaient ceux-là. Témoin, par exemple, notre
sentiment actuel envers la Grèce. Je n'insiste
pas.

Tant il y a, pour revenir à mon propos, que
notre opinion exacte sur les neutres était, somme
toute, d'une pondération singulièrement équitable.

En veut-on une autre preuve, d'hier celle-ci ?
Tendez l'oreille, ô neutres parmi ceux que nous
avons parfois eu l'air de soupçonner, et non
sans quelque raison, comme on va voir !

Il s'agit, cette fois, de la Hollande. Or le doute,
à son endroit, qui donc vient de le formuler, en
termes assez précis pour en faire une certitude ?
Est-ce donc nous, pauvrets ? Pas le moins du
monde. Ce sont des Hollandais eux-mêmes, en
qui nous sommes bien obligés d'avoir foi.

C'est le journal socialiste *Avondpost*, d'Amsterdam, qui accuse expressément le pouvoir de
retarder la transmission des dépêches avertissant
l'Angleterre que des zeppelins ont survolé la

Hollande pour aller survoler les villes an-
glaises.

C'est le grave *Telegraaf*, toujours d'Amsterdam,
qui publie textuellement des choses comme
celles-ci :

*Pendant que la terreur allemande règne en
Belgique, le peuple hollandais continue à regarder
ce spectacle hideux, les mains dans ses poches pleines
d'or. Le gouvernement hollandais en est-il donc
arrivé là, que son germanophile premier ministre
soit le proconsul qui conduit tous les autres ministres suivant sa volonté, dans ce cabinet qui fa-
vorise de plus en plus ouvertement l'Allemagne?*

Or, ce fut toujours sur des documents de ce
genre, et jamais sur des suppositions plus ou
moins imaginaires, que furent étayés nos juge-
ments touchant les neutres dont la neutralité
nous semblait suspecte. Vous voyez avec quelle
conscience était tenu à jour notre catalogue si
exact des neutres.

Eh ! bien, voici qu'aujourd'hui tout notre beau
travail, miracle de mesure, de probité scrupuleuse, est mis à bas. De nuances, de variétés entre
les neutres, de différences selon la qualité, le
mérite et la valeur des uns et des autres, il ne
saurait plus être question. Tous les neutres vont
désormais être sur un seul et même plan, sans

…é, sans distinction de plus ou moins neu-

…r une nouvelle espèce de neutres est née,
…sont les neutres uniques, essentiels, purs,
…lus, quelque chose comme les *Neutrissimes*,
…les *Neutres plus ultra*, ou, pour tout dire d'un
…, les *Surneutres*.

…n journal vient de paraître aux États-Unis,
…uel proclame que la guerre européenne les
…uie là-bas, qu'ils en ont assez de lire toutes
…s horreurs dont ils n'ont ni à profiter ni à
…tir, et qu'ils n'ont soif que de vivre en paix sans
…entendre aucune nouvelle, et que décidément
…*n'en veulent plus rien savoir*. Et ce journal
…ntitule *The Saint-Louis warless weekly wondor*,
…st-à-dire *la Merveille hebdomadaire de Saint-*
…*uis, où il n'est point parlé de la guerre.*

…À la bonne heure, donc! Pour le coup, en voilà
…fin, des neutres, des vrais, des insoupçon-
…bles, des sincères, les seuls, quoi? Ceux qui ont
…courage de leur neutralité, de sa monstrueuse
…cheté, surhumaine et extra-humaine!

…Assez de neutres, plus ou moins neutres! Et
…vivent les *Surneutres*!

…Car, voulez-vous le fond de ma pensée? Tout
…ompte fait, c'est eux que je préfère.

———

XXIV

Pour toi quand même!

Oui, certes, pour toi quand même, ô belle, ô noble, ô sainte Grèce !

Pour toi quand même, puisque tu es le suprême vestige de la vénérable et adorable Hellade, notre aïeule, en qui l'Humanité a vécu son plus splendide rêve, immortelle source de tous les nôtres !

Pour toi quand même, ne dût-on vénérer et adorer sous ta figure présente que son ombre et son fantôme !

Pour toi quand même, qui es cependant mieux que cette ombre et ce fantôme, depuis le jour où la France, l'Angleterre et la Russie, t'arrachant à ton sépulcre près de quatre fois séculaire, ô Grèce, t'ont ressuscitée !

Pour toi quand même, et de toute ma foi inébranlablement tenace, et de tout mon amour éperdument fidèle, que rien ni personne au monde ne fera jamais blasphémer contre toi !

Pour toi quand même, donc, malgré ceux qui veulent aujourd'hui, non seulement ton suicide,

ta honte, et dans une infamie plus désho-
nte encore que l'infamie bulgare !

Pour toi quand même, ô Grèce, parce que ton
âme, j'en ai la certitude, ne peut pas être, et
n'est pas avec eux !

Elle est avec nous, ton âme, avec les libérateurs qui l'ont ressuscitée à Navarin et au traité
de Londres, il y a quatre-vingt-cinq ans.

Elle est avec nos soldats et nos marins qui ont
versé leur sang pour faire refleurir la fleur de
ton indépendance, et avec nos poètes qui t'ont
chantée, Hugo glorifiant ton Canaris, lord Byron
exhalant son dernier soupir à Missolonghi.

Elle est avec notre lumineuse, et pure, et tendre civilisation méditerranéenne, semeuse de
liberté, de justice, de droits et de devoirs que la
bonté tempère, avec cette civilisation dont nous
sommes à présent les porte-flambeaux, mais dont
la première flamme s'est allumée dans ton Par-
thénon, aux yeux en aigue-marine de ta Pallas
Athêné.

Et la preuve qu'elle est avec nous, ton âme,
ô Grèce, c'est qu'à l'appel de cette civilisation,
qui est la tienne comme la nôtre, menacée par
l'immonde *Kultur* des Barbares, nombre de tes
fils sont venus combattre dans nos rangs. Parmi
les héros de notre guerre, sur la Marne, en

Artois, à Carency, le bataillon sacré des volo[n]taires hellènes a cueilli, arrosées de son jeu[ne] sang, des palmes aussi glorieuses que celles [de] Marathon et des Thermopyles.

Et la preuve enfin qu'elle est bien avec nou[s,] ton âme, ô Grèce, c'est qu'elle ne cesse de s'i[n]surger contre ceux qui veulent ton suicide et [sa] honte, c'est qu'elle leur crie sans relâche et [de] toutes ses forces cette révolte indignée, c'e[st] qu'elle a su trouver la voix qu'il fallait pou[r] pousser ce cri et pour qu'il fût entendu.

N'est-elle pas tout entière, en effet, ton âm[e,] exprimée par la parole de ton nouveau Démos[thène, le grand patriote, le grand Hellène, Veni[zelos?

En qui donc s'incarne-t-elle, ton âme, sino[n] en lui seul ?

Serait-ce, par hasard, en ton roi, qui n'a pa[s] dans les veines une goutte de sang hellénique[,] pas une, qui a pour épouse la sœur du Kaiser[,] qui s'entoure d'un état-major ostentatoiremen[t] germanophile, qui laisse le baron de Schenck se livrer à la plus cynique corruption en faveur de [l']Allemagne, et qui ose, monarque constitutionnel, dresser en obstacle sa volonté, à lui, contr[e] la volonté plusieurs fois manifestée de son peuple ?

on, à coup sûr, ton âme, ô Grèce, il ne se
ente pas de ne point l'incarner, il va jusqu'à
horer absolument, ce roi qui n'y entend
tte, même quand elle a comme interprète le
be, pourtant si puissant et si clair, de ton
nizelos.

Que lui faudra-t-il donc, à ce sourd qui ne
ut pas se déboucher les oreilles, pour qu'il
mprenne enfin ce que veut ton âme? Peut-être
end-il que le canon des Alliés lui crève le
mpan? Pourquoi pas? La France, l'Angleterre
la Russie t'ayant ressuscitée par le traité de
ndres, ont le droit et le devoir de veiller sur
vie, ô Grèce, d'empêcher qu'on la tue à nou-
au, ton âme. Qu'il y prenne garde, l'entêté!
n autre Navarin n'est pas dans les choses im-
obables.

Mais comme nous aimerions mieux, ô Grèce,
avoir pas à te sauver en ayant l'air de le faire
resque malgré toi! Comme il serait plus beau,
us digne de ta vieille gloire, que ton Veni-
los et toi-même fussiez, cette fois-ci, les seuls
tisans de votre salut!

En quoi faisant?

En exprimant ton âme, ô Grèce, non plus
niquement par la voix de ton Démosthène, mais
n agissant sur tes frontières comme le bataillon

sacré de tes volontaires a su agir côte à côte a[vec]
nos héros.

D'aucuns, gens à prudence excessive, te
déconseillent, je ne l'ignore pas. Ceux qui t'ai[-]
ment vraiment, profondément, ne peuvent g[uère]
t'y pousser. Je suis du nombre, ô belle, ô nobl[e,]
ô sainte Grèce ! Et j'espère que tu vas y arrive[r.]
Et c'est pourquoi je répéterai, jusqu'à mon de[r-]
nier souffle :

« Pour toi, quand même ! »

Sans doute, reste toujours l'obstacle de to[n]
roi, de sa cour et de son état-major. Mais rest[e]
aussi, t'encourageant contre eux, la suprême[?]
déclaration de ton âme, formulée par Venizélo[s]
l'autre nuit ! Rappelle-toi !

Si le roi désire la monarchie absolue, dites-l[e]
franchement et demandez le changement de ré-
gime. Alors, nous lutterons désespérément ; car l[e]
peuple veut conserver le régime actuel.

Qu'est-ce à dire ? Une révolution ? Je ne com[-]
mente pas. Je cite sans plus.

Tant il y a que, si le roi, pour se faire mo[-]
narque absolu au lieu de constitutionnel, en
appelle à la force contre le droit, il cesse d'êtr[e]
le roi et devient ce que l'antique Hellade nom[-]
mait le tyran.

Auquel cas on est bien obligé de se dire que

les héros les plus aimés, les plus admirés,
plus glorifiés, l'antique Hellade, dans
ympe de ses demi-dieux, a placé un certain
odios et un certain Aristogitôn, lesquels....

alors, dame !

qui ne m'empêcherait pas de conclure,
me j'ai commencé :

Pour toi quand même, ô Grèce ! »

————

19 novembre.

XXV

Græculi.

e demande pardon d'une telle insistance, qui
sans doute paraître importune. Mais c'est plus
que moi, il faut que j'en parle encore, de
e chère et pauvre Grèce.

'entends trop nettement autour de moi, et
vent même jusque dans le cœur de ses plus
ux et plus fidèles amis, sourdre à son détri-
t des reproches qui ont l'air d'être mérités,
grossir des soupçons qui ne laissent pas de
bler plausibles. On y sent gronder et presque
erler déjà contre elle le flux prochain des
es blasphèmes.

9

Et c'est pourquoi, moi, son adorateur ferve[nt]
en souvenir de sa mère, notre grande aïeu[le]
sacrée, l'antique Hellade, je ne saurais, une f[ois]
de plus, me défendre de la défendre.

Oui, je l'avoue, toutes les apparences, à l'heu[re]
présente, la condamnent, en donnant un cor[ps]
aux reproches qu'on lui fait, aux soupçons do[nt]
on l'outrage. Sa conduite ambiguë, son attitu[de]
équivoque, cette neutralité soi-disant bienvei[l]-
lante et réellement armée, sans qu'il soit po[s]-
sible de savoir avec certitude pour qui elle tou[r]-
nera ses armes, ne voilà-t-il pas, en effet, de qu[oi]
justifier amplement ceux qui nous prédisent un[e]
Grèce prête à jouer le même jeu infâme que [la]
Bulgarie?

Même sans aller aussi loin dans l'accusatio[n]
on peut l'accuser encore, avec toutes raison[s]
vraisemblables, de nous faire tort, et un to[rt]
extrêmement pernicieux, rien que par cette équi[-]
voque et cette ambiguïté. Il suffit qu'elle de[-]
meure immobile, mais avec la menace toujours [à]
craindre de sa mobilisation sur notre arrière[,]
pour que tous nos efforts vers la collaboratio[n]
serbe en soient comme frappés d'une sorte d[e]
paralysie. Cette façon de se tenir l'arme au pied[,]
juste dans notre dos, nous met au pied, à nous[,]
une véritable entrave.

ne, par cela seul, sans autre manifestation
ile, elle fait plus que de ne point nous ser-
elle nous trahit, fût-ce inconsciemment,
s, quand même, très positivement.

A cette conclusion, si logique, et accablante
ur elle, que pouvons-nous répondre, nous qui
drions la disculper? Rien, en vérité, rien de
sonnable, sois-en bien convaincue, ô pauvre
èce!

Nous n'avons plus qu'à invoquer en ta faveur
s arguments de pure et vaine sentimentalité.
ous n'y manquons pas, certes. Nous qui t'ai-
ons, nous offrons, pour garants de ta bonne
lonté, notre amour auquel doit répliquer le
n après tant de preuves que nous t'avons
nnées du nôtre, et enfin et surtout notre abso-
e impossibilité à t'imaginer capable d'une si
ire ingratitude et d'une si abominable trahison.

Mais ce sont là des arguments dénués de
leur en politique internationale, paraît-il. Bons
ur la morale privée, ils n'ont pas cours dans la
orale publique. On ne se fait pas faute de nous
dire, en nous traitant de poètes, de rêveurs,
e chimériques. Et nous en sommes pour nos
ais de sentimentalité, que certains trouvent
ême un tantinet désuète et niaise.

Alors, quoi? Où nous tourner? De quel côté

souffle-t-il, le vent qui sècherait les larmes
honte montant à nos yeux quand nous essayo
de plaider ta lamentable cause, gagnée d
notre cœur, certes, mais dans lui seul, et perd
devant notre raison?

Oui, je sais. Il nous reste à plaider encore l
circonstances atténuantes. Là non plus notre te
dresse ne t'a pas fait défaut. Elle s'y est mêm
montrée assez ingénieuse. Elle est prête à s
ingénier de nouveau, sans relâche. Vois plutô

Nous n'ignorons pas, et nous l'avons proclam
bien haut, que ton gouvernement et toi vo
êtes deux, et en parfait désaccord, et que, p
suite, ce n'est pas ton âme qui s'exprime da
ses actes, et que cette âme a pour unique inte
prète, ton grand, ton pur, ton énergique Veniz
los, le dernier véritable Hellène.

Et nous avons rappelé, en les soulignar
comme il fallait, les paroles vengeresses qu'il
prononcées, dans la nuit historique du 5 octob
contre ton immonde presse soudoyée par le bar
de Schenck. Nous avons flétri avec lui ces Gre
bassement germanisés. Avec lui nous avo
répété que ton roi, beau-frère du Kaiser, viol
la constitution qui l'a fait roi. Avec lui no
l'avons sommé de se soumettre à la volonté d
son peuple, ou de se démettre.

ai même osé davantage, moi que ma qualité
de poète autorise à les tutoyer, les rois, comme
fait Heredia. J'ai, à son propos, fait mieux que
de tutoyer. Je n'ai pas craint d'évoquer ces
demi-dieux de l'antique Hellade, Harmodios et
Aristogitôn, saintement tyrannicides.

Et puis après? Ton tyran te tyrannise toujours, ô pauvre Grèce. Et tu n'as l'âme libre que
dans le verbe de Venizelos; mais elle continue, ton âme inactive, neutre, équivoque et
ambiguë, à être esclave sous le joug germanique
dont l'écrase ton roi.

Voilà ce que pensent et disent ceux contre
lesquels je te défends quand même, ô Grèce,
mais sans espoir d'arriver désormais à les convaincre.

Hélas! faudra-t-il donc nous taire, nous qui
t'aimions et qui t'aimons encore? Et devrons-
nous en arriver à faire chorus avec tes blasphé-
mateurs, qui vont demain peut-être infliger à tes
enfants le nom donné par Rome aux Grecs dégé-
nérés devenus ses parasites?

Tu sais, n'est-ce pas, de quel diminutif méprisant elle les appelait, ces vaincus, ces famé-
liques, ces déshonorés, ces désâmés?

Oh! dis-nous, dis-nous-le par tes actes, chère
Grèce, noble Grèce, dis-nous que tes fils d'au-

jourd'hui ne le porteront jamais, jamais, qu'ils se refusent à le porter, ce nom de déchéance, ce nom de misère, ce nom d'infamie plus infâme encore que celui du Bulgare, ce nom qu'ils n'ont pas mérité, je le jure, ce nom qu'ils ne mériteront pas, si ton âme en révolte le crache au visage de tes oppresseurs, fût-ce dans un flot de sang :

Græculi! Les petits Grecs!

Novembre.

XXVI

Leur ventre.

Certes, un pareil titre, où s'étale tout à trac et comme à jambes rebindaines un pareil mot, si gai, si plein, si rond, si rebondi, si truculent, si bon enfant, voilà qui, de prime abord, éveille, n'est-il pas vrai, des idées hilares, une poussée joyeuse de farce, de grasse blague, de rigolade épanouie, de celle-là que l'on appelle précisément la rigolade à ventre déboutonné?

Il semble que, tout de suite, on en doive sentir la verve qui fermente vers quelque symphonie de godaille, de ripaille et de tripaille. Elle aurait

...r orchestre, cette symphonie du ventre, le
...amarre des lèchefrites cognant les casse-
...es, le ronron des pots sur le feu, le crissement
...la graisse dans les poêles, la pétarade des
...uteilles débouchées, les mâchoires des man-
...urs, les hoquets des buveurs, les verres tintin-
...abulants, les écuelles tambourinées par les
...uteaux et les fourchettes. Le chœur des goin-
...es et des ivrognes y chanterait des vers sans
...me ni raison, macaroniques, en latin de cui-
...ne, bien entendu. Et ce serait comme la bur-
...esque épopée de la ripopée.

...Oui, à coup sûr, et follement, et comment !
...ui, s'il s'agissait d'autres ventres que le *leur* !
...'il s'agissait de ventres comme les nôtres, par
...emple, de ventres rabelaisiens ou à la Fal-
...taff !

...Mais toute verve se glace, toute envie de rire
...éteint, puisqu'il s'agit de leur ventre, de leur
...ominable ventre, à eux !

...Leur ventre ! C'est-à-dire le ventre de l'animal
...éroce, du monstre immonde, moitié tigre et
...moitié pourceau, en qui viennent, devant l'Hu-
...manité stupéfaite, de se réaliser comme possibles
...et vivants, les plus hideux cauchemars des ima-
...ginations fantastiques les plus délirantes, à
...savoir tout ensemble la Bête de l'Apocalypse, le

Béhémot boursouflant contre le soleil les vagues
du *mare Tenebrarum*, et enfin le stupide Catoblepas, si prodigieusement imbécile qu'il se
broutait les pattes sans même arriver à s'en
apercevoir.

Car voilà bien sous quelle figure d'exactitude
dans la chimère, d'épouvante dans le grotesque,
elle apparaît et demeurera fixée, non seulement
pour les lyriques, mais aussi pour les historiens,
cette Germanie mégalomaniaque, scélérate,
énorme, colossale, idiote, qui a rêvé l'empire
du monde, qui se rue éperdument à le conquérir
par le fer, le feu, le sang, les massacres, les
viols de toutes sortes, le terrorisme érigé en
méthode, la Science appliquée au sadisme du
crime ; cette Germanie dont la crise de démence, si elle pouvait jamais triompher, con-
damnerait l'Europe d'abord, puis la Terre entière, au *deliquium* de la paralysie générale ;
cette Germanie enfin, qui doit être punie par où
elle a péché, qui le sera sûrement, irrémissiblement, logiquement, et qui, donc, parce qu'elle a
fait appel à la Force primant le Droit, verra le
Droit la réduire à néant quand il lui passera la
camisole de force.

Mais puisque tel est l'aboutissement fatal de
notre Duel contre la Bête, et si formidable qu'il

...se être encore, ce duel, avant de mettre la ...le furieuse au cabanon, pourquoi diantre, en ...mme, nous refuserions-nous le plaisir de nous ...traire un brin à ses dépens? Notre juste indi-...natiou y trouvera une détente, sans doute. ...ais cette détente nous est bien permise, après ...ut! Notre haine, d'ailleurs, ne saurait risquer ...e s'y amollir. Elle est tellement forte, si légi-...me, si bien enracinée au fond de nos cœurs! ...st-ce que nos héros, dans les tranchées, n'ont ...as des moments de loisir où ils s'offrent la joie ...e faire tourner en bourriques les Boches qu'ils ...erviront tout à l'heure à la baïonnette? Ce n'est ...as seulement à coups de grenades qu'ils se ...aient leurs têtes, n'est-ce pas? Alors, ils ne nous en voudront point, si nous faisons ici chorus avec eux.

De là ce présent album, où le crayon satirique de nos caricaturistes darde ses flèches barbelées vers le ventre allemand et les y plante en plein lard. Ce n'est pas du sang qu'ils en tirent, bien sûr! Mais la graisse rance qui en gicle, mêlée à des cataractes de bière, n'est pas non plus un spectacle déplaisant. Il nous venge aussi, à sa façon, de la Bête féroce, en nous la montrant ridicule sous son aspect de Bête immonde.

Comment s'empiffrent les Boches, avec quelle

gloutonnerie sans discernement ils le font, ce à
quoi ils se gavent et se noient l'estomac, la
panse et les tripes, ces goulus insatiables, il
est doux de le voir et de nous en gausser. Nous
en oublions un instant le demi-tigre qu'est la
Germanie pour nous délecter à la constatation
du pourceau qu'elle est, non pas à demi, mais
en entier. C'est à faire vomir, parfois; mais dans
ce vomissement lui-même notre mépris satisfait
se soulage.

Ils mangent et ils boivent, les brutes, d'une
façon si magistralement répugnante! Et tous,
vous savez, tous, du haut en bas de leur société
animale! Dans les restaurants les plus huppés
comme dans les brasseries les plus humbles.
Tous, aussi bien le hobereau officier qui se fait
rapporter soûl chez lui par son ordonnance, que
le bourgeois, l'employé, le savant à lunettes
d'or, l'ouvrier, qui ont pour unique point d'honneur d'avoir la bedaine la plus rapace en vic-
tuailles et en boissonneries.

Notez que les gens de la haute se piquent souvent de cuisine à la française et d'ivresse au
champagne, *qu'ils disent*. Mais il faut en avoir
goûté, de cette fausse cuisine à l'instar, et de
ce simili-champagne, même dans leurs préten-
dus bons endroits réservés aux fines-gueules,

savoir ce que valent en somme ces plats
de brouet fade et ces *mousseux* en cidre
.

Et d'ailleurs, ce n'est pas là que se régalent
vrais Boches bien bochisants; c'est à la Bras-
, le temple par excellence de leur dieu-
, où ils célèbrent son culte en famille, la
et la progéniture avec le papa, dans des
contenant souvent plus de mille consom-
eurs empilés, parmi les harmonies criardes
cuivres, l'épaisse fumée des pipes, l'écœu-
relent des chopes, le remugle des charcu-
ries et des choucroutes grasses, servies par des
dons aux appas débordants comme ceux de
colossale Germania qui cavalcade sur une des
ces de Francfort.

Pouah! Quelles odeurs! Ou plutôt quelle
deur! Car il n'y en a qu'une, exhalée à la fois
la bière, par les saucisses, par le chou aigre,
par la chair saturée de toutes ces choses, par
ette chair spéciale qu'est la chair allemande,
ont la senteur a dû être caractérisée médicale-
ent comme l'indice symptomatique d'une ma-
die *sui generis* : la bromhydrose!

Oh! oui, bons caricaturistes français, fils d'un
ays où l'on sait manger et boire, où chaque
rovince a ses mets et ses boissons chers aux

vrais connaisseurs, où la cuisine et la dégust
tion des vins sont une science et un art, oui
oui, riez et faites-nous rire de ce pays où l'o
bâfre et se soûle sans goût, où les goinfres n
se bourrent que de cochonnaille en la baptisan
delikatessen, et où les ivrognes ont pour suprême
orgueil de boire jusqu'à ce qu'ils tombent pareils
au tas de viande et de couenne dont ils font ces
délicatesses !

Et en attendant le jour béni de mettre fin au
Surhomme qu'a cru être le Boche, prenons un
peu de bon temps bien licite à nous amuser de
ce qu'il est, sans plus (avec une maëstra indéniable, par exemple, et même mirifique, si
l'aveu peut lui faire plaisir), c'est-à-dire ceci :
non pas le Surhomme, mais, tout bêtement et
tout bestialement, le Surventre.

———————

25 novembre.

XXVII

Tous au front !

« Ah ! quel malheur de n'être pas là-haut,
avec eux, au front ! »

Que de fois l'ai-je entendu exprimer, ce noble

douloureux regret, parmi les exilés qui n'ont
point l'honneur d'y vivre et la chance d'y pouvoir mourir pour la France, à ce front enviable!

Oui, des exilés en effet. Et il n'y avait pas à
s'y méprendre. Que leur regret ne fût pas une
formule vaine, mais qu'il jaillît du fond de leur
cœur, on le sentait pleinement, malgré la pudeur
de leur voix étouffée, presque honteuse, on le
sentait à cette pudeur même, à leurs poings
crispés, à leurs dents serrées, aux larmes de
rage impuissante qui gonflaient leurs pauvres
yeux.

Sans doute ils avaient déjà donné au pays
tout ce qu'ils étaient capables de lui donner,
ces grands-pères, ces pères, ces chefs de famille,
qui avaient vu partir de chaque famille toute sa
jeunesse en fleurs, et qui restaient seuls à leur
foyer désert. Et leur présence y était indispensable, à ce foyer, auprès des mères et des grand'-
mères orphelines de leurs petits, auprès des
enfants dont ils devaient faire les hommes de
demain.

Aussi ne le disaient-ils qu'à voix basse, leur
regret de ne pouvoir être là-haut, avec les
hommes, au front. Tout au plus tâchaient-ils,
puisque l'âge ou la maladie en faisait de vieux
hommes, à rivaliser avec les femmes, puis-

qu'elles avaient trouvé le moyen, elles, d'ê[...]
héroïques et sublimes sans aller au front, m[...]
en soignant ceux qui en reviennent.

Grand'mères, mères, épouses, veuves, fille[...]
sœurs, ne s'étaient-elles pas dévouées à êt[...]
leurs infirmières, leurs servantes, leur mar[...]
raines, leurs petites mamans? De leur mieu[...]
ils les aidèrent, fondant des œuvres, ramassa[...]
de l'argent, organisant des envois, se donna[...]
l'illusion d'être utiles, chacun dans la mesur[...]
de ses facultés, qui par ses relations, ses entour[...]
qui par la plume ou la parole, mais tous e[...]
toujours dans le secret désespoir de ne poin[...]
faire plus encore, tout en continuant à se dir[...]
hélas! vainement :

« Ah! quel malheur de n'être pas là-haut[...]
avec eux, au front! »

Eh bien! à cet irrémédiable regret, voici que[...]
le remède est offert. Et ce remède est sûr[...]
souverain, infaillible. Et il est à la portée d'un[...]
chacun. Et non seulement des vieux homme[...]
mais des jeunes aussi, ceux dont la maladie o[...]
l'infirmité fait des vieillards! Et non seulemen[...]
les hommes peuvent y avoir recours, mais auss[...]
les femmes! Et non seulement les riches, mais[...]
aussi les pauvres! Tous, vous dis-je tous, abso[...]
lument tous!

Et ce n'est pas encore assez, de dire que
tous le peuvent. La vérité pleine et entière, c'est
que tous le doivent.

Oui, le devoir, aujourd'hui, la consigne, pour
quiconque est Français, le mot d'ordre auquel
nul de nous ne saurait désobéir sans être coupable de trahison envers la France, il tient dans
ce cri :

« Tous au front ! »

Car tous vont avoir demain le droit d'y être.
En quoi faisant? En souscrivant à l'Emprunt,
à cet Emprunt que la grande voix de Ribot a
si magistralement et si magnifiquement baptisé
l'Emprunt de la Victoire.

Puisque l'or est, plus que jamais, le nerf de
la guerre, puisque cette guerre d'usure aura
pour fin fatale le triomphe de celui qui, avec
le plus d'hommes, le plus d'héroïsme, le plus
d'endurance, aura aussi le plus d'or, puisque
nous avons déjà la supériorité sur les trois premiers points et puisque la France est aussi le
pays du bas de laine et le banquier du monde,
elle n'a qu'à être cette fois son propre banquier
et à le vider pour elle-même, son bas de laine,
et notre triomphe est mathématiquement certain.

Telle est, sans conteste possible, l'absolue

moralité de l'Emprunt. Et voilà pourquoi lyrisme et la réalité sont d'accord en l'appelant l'Emprunt de la Victoire.

Même si la France demandait à ses enfants à tous, le sacrifice de leur or exigé par la certitude de cette victoire, ses enfants lui devraient ce sacrifice, fût-il total. Ne leur a-t-elle pas déjà demandé le sacrifice de leur sang, et n'y ont-ils pas consenti, le sachant total? Comment oseraient-ils, ayant accepté de plein cœur celui-ci, se dérober à celui-là?

Or, le plus dur, celui dont pleurent les mères, ne l'ont-ils pas fait, nos braves du front, comme qui dirait à fonds perdu? Oh! certes, seulement en apparence; car ils savaient que leur mort assurait la vie de la France immortelle. N'importe, quand même! S'ils sont partis en y croyant, ils n'ont pas vu fleurir la fleur de leur foi.

Mais le sacrifice d'aujourd'hui, celui de souscrire à l'Emprunt, est-ce un sacrifice, en somme? Réfléchissez et jugez!

Ceux qui ont donné leur sang en ont fait le don réel, effectif. Ceux qui vont apporter leur or ou leur papier n'en feront que le prêt. Et pas à fonds perdu, ici. Et un prêt à fructueux intérêt.

Conclusion : ce n'est vraiment pas un sacri-

qu'on leur demande; c'est une offre qu'on
propose, l'offre d'un placement.

Mais à quoi bon insister, et par des raisons
pareilles? Au-dessus d'elles plane cette raison
suprême, qui prime tout, et que peut comprendre
n'importe qui, dans le dilemme fulgurant où
Ribot l'a traduite : ou bien l'Emprunt, si on le
souscrit, est le gage de notre victoire, ou bien
l'or qu'il représente, si on le garde, servira de
rançon à notre défaite.

Le voilà, ce dernier, le seul mauvais placement, à fonds perdu.

Quel est donc l'imbécile, et à la fois le lâche,
qui hésiterait? Où est-il, le riche qui refusera
ses millions, l'avaricieux qui crèvera sur son
magot, le paysan qui fera un nœud de plus à
son bas de laine, même le gueux qui ne joindra
pas ses pauvres sous aux sous d'autres gueux
comme lui pour faire à eux tous figure de ren-
tiers?

Non, non, j'en jure par notre vieille, et vail-
lante, et spirituelle France, ce traître-là et ce
nigaud-là, on ne le trouvera pas demain chez
nous. C'est l'unanimité des Français qui ré-
pondra au mot d'ordre :

« Tous au front! »

Aussi, quand ceux de là-haut, du front où

l'on a versé son sang, reviendront passer so[us]
l'Arc de Triomphe, quand nous les salueron[s]
guêtrés de boue allemande cette fois, au moi[ns]
pourront-ils nous rendre notre salut, à nous q[ui]
ne serons allés au front qu'en y versant not[re]
or. Il y en aura, de cet or, quand même, dan[s]
leur auréole.

Ah! ce jour-là, comme nous y applaudiron[s]
tous ensemble, et de tout cœur, ô Wagner, [à]
l'or du Rhin!

———

1er décembre.

XXVIII

Celui que j'aime.

Eh bien! oui, je l'avoue avec impudence, e[t]
j'oserai même franchir toutes les bornes d[u]
cynisme jusqu'à le proclamer, eh bien! oui, l[à]
il y en a un que j'aime.

« Un d'entre eux?

— Parfaitement.

— Un Boche?

— Vous l'avez dit.

— Sans doute un d'autrefois?

— Pas du tout. Un d'aujourd'hui.

— Un vrai, alors ?

— Mieux que cela. Le seul vrai.

— Et vous l'aimez, vous ?

— Je n'aime que lui.

— Que lui au monde ?

— Non. Que lui d'entre eux tous.

— Ah ! bon !

— Et voilà pourquoi j'ai soin de préciser en l'appelant *celui* que j'aime.

— Comprends pas. Expliquez-vous.

— Si vous voulez bien ne plus m'interrompre, c'est ce que je vais faire. »

Mais, tout d'abord, entendons-nous sur le genre d'amour que je lui porte et qu'on peut lui porter, à cet Allemand, qui est une des voix les plus hautes et les plus autorisées de l'Allemagne.

Il va de soi que ma haine, que notre haine à tous, pleine et entière, haine implacable et légitime, haine devenue un droit comme un devoir, lui est et lui demeure acquise absolument, sans que rien jamais puisse la défendre, tant que nous n'aurons point infligé à l'Allemagne le juste et complet châtiment de ses crimes, tant que nous ne l'aurons point rendue incapable de les renouveler, tant que l'Humanité ne sera point délivrée pour toujours de la Barbarie, tant que la Bête féroce et immonde ne sera point mise en cage, les crocs et les ongles arrachés, les nerfs rompus, les muscles dégonflés de chair, les os vides de moëlle, les artères exsangues, son fiel crevé sur son cœur, et l'âme enfin désâmée !

Cela compris, on voit quel genre d'amour, tout à fait spécial, me reste et peut nous rester disponible pour cet Allemand, le seul entre tous me paraissant digne d'être appelé *celui* que j'aime.

Tel quel, cependant, et si peu de tendresse qu'il comporte, cet amour, je me ferais scrupule de le taire. L'équité m'y oblige, à en exprimer le témoignage, à en donner la raison. Sans fausse honte, je m'exécuterai donc.

Le seul Allemand duquel, malgré toute notre haine pour toute l'Allemagne, j'ose dire qu'il est *celui* que j'aime, c'est leur pamphlétaire Maximilien Harden.

Un vrai Allemand, certes ! Je n'ai pas failli à en convenir. Mais je n'ai pas failli non plus à lui rendre justice en ajoutant :

« Mieux que cela. Le seul vrai.... »

Et la voilà, en somme, la raison, l'unique raison, par quoi il se distingue de tous les autres Allemands ; mais cette raison est capitale, et la distinction est essentielle.

Du coup, parmi les ténèbres de notre haine,

gitimement aveugle, une lueur jaillit, projette comme un éclair dans ce noir; et cette clarté soudaine y ressemble, légitime elle aussi, à je ne sais quelle aube.... Non, non, pas d'amour ! Je n'irai point jusque-là! Pas même de sympathie! Ce serait encore trop. Un tel mot, envers un d'entre eux, m'écorcherait la bouche.

Et j'ai dû, finalement, essayer de m'en tirer en tirant cette fusée de paradoxe qui consiste à l'appeler *celui* que j'aime.

Mais souvenez-vous de ce qu'il disait, il y a un an, ce lanternier, cet enfant terrible du pangermanisme, quand il *blaguait* le fameux manifeste des 93 Intellectuels, quand il fouaillait leur basse hypocrisie de sa sincérité, quand il criait, contre leur abominable *il n'est pas vrai que*, la vérité cynique avouant et revendiquant tous les crimes commis par l'Allemagne !

Lui, plaider non coupable ! Allons donc ! Tout enivré alors de la force et de la gloire allemandes, il en prêchait l'atroce Évangile aux accents de sa plus retentissante trompette. Il buccinait farouchement :

« Ce n'est pas contre notre volonté que nous nous sommes jetés dans cette aventure gigantesque. Nous l'avions voulue. Nous devions la vouloir. Notre force créera une loi nouvelle.

Quand nous aurons conquis tous les domaines qu'il faut à notre génie, alors les prêtres de tous les dieux béniront notre guerre. »

Et, aujourd'hui, que dit-il, pendant que son Kaiser s'en va voletant d'un bout de l'Europe à l'autre, pareil à un corbeau affolé, le bec pris dans un cornet à la glu qui lui bouche les yeux et l'étouffe ? Que dit-il donc, l'enfant terrible, le vrai Allemand, on vient de le voir, mais aussi *le seul vrai* ?

Il dit, contrairement aux mensonges du corbeau qui promettait une paix prochaine, et sans campagne d'hiver, il dit que la paix est lointaine encore, que la campagne d'hiver sera dure, que les Alliés ne la veulent point, la paix, qu'ils sont décidés à combattre jusqu'à la victoire, qu'ils y ont une foi absolue, en cette victoire, et qu'on berne l'Allemagne à lui cacher tout cela, et que cette guerre acharnée est une guerre d'épuisement, et que *personne n'en saurait prévoir l'issue.*

Et il dit plus, entre les lignes, il dit que l'Angleterre n'a jamais été plus forte, que la France est riche de héros et d'argent, que la Russie recommencera en mars son offensive avec douze millions d'hommes pourvus d'innombrables canons et munitions ; et, pour qui ne lirait pas entre les lignes ce que tout cela signifie, il

...ute en conclusion ces paroles de Bismarck :

« Je condamne comme un crime toute guerre ...ns laquelle les fruits possibles de la victoire ...ont pas été considérés avant d'engager la ...tte. »

Oui, voilà ce qu'il dit à présent, lui, le lanter...ier qui voit clair, lui, le buccin qui sonnait si ...aut il y a un an, lui, l'unique sincère parmi ...ous ces Tartufes, lui, vrai Allemand, mais le ...eul vrai !

Comment n'aurait-on pas envie de le bénir, ...près tout ? Pourquoi pas ? Allons, soyons sin...ères, même en ce cas, nous qui le fûmes tou...jours.

Et ne m'en veuillez pas, si j'ai eu le courage ...e l'appeler *celui* que j'aime.

———

15 décembre.

XXIX

N'en parlons pas !

Non, mille et une fois non ! Et non, et encore non ! N'en parlons pas !

Et sous aucun prétexte, vous entendez bien, ...ucun, quel qu'il soit, même celui d'y faire allusion, fût-ce une ombre d'allusion, et du plus loin possible !

Et si ingénieusement qu'il s'insinue, ce prétexte, ou si impérieusement qu'il s'impose, pour essayer d'émouvoir notre cœur ou d'ébranler notre raison !

Et de quelque endroit qu'il vienne nous rebattre les oreilles, ce prétexte à en parler, qu'il descende d'en haut, qu'il monte d'en bas, qu'il s'exprime par une voie sacrée, profane, neutre désintéressée, voire sympathique !

Non, non, et de plus en plus non ! Que les autres, ces autres-là, tous les autres, en parlent tant qu'ils voudront en parler, puisqu'ils en ont, paraît-il, l'irrésistible besoin ! Mais nous, c'est fini, bien fini, assez ! N'en parlons pas !

N'en avons-nous pas dit, et clair, et net, et dès le début, tout ce que nous avions à en dire ? Ne l'avons-nous pas affirmé, proclamé sur tous les tons et sous toutes les formes, et par le verbe et par l'action, individuellement et collectivement ?

N'avons-nous pas eu pour unique mot d'ordre, toujours, sans relâche, sans une minute de défaillance, le tranquille, et sûr, et imperturbable *jusqu'au bout*, dont nous voulons faire et dont nous ferons notre mot de la fin ?

Nos alliés unanimes n'y ont-ils point adhéré
de toute leur énergie, de toute leur foi, chacun
s'engageant à n'être qu'un avec tous, et tous
résolus à ne jamais rien accepter de l'ennemi
tant que l'ennemi n'aura pas payé pleine et
entière sa dette envers chacun ?

Alors, cette chose que je ne veux point nommer et dont il parle et nous fait parler sans cesse,
pourquoi tâche-t-il, par tant de moyens, de nous
en faire parler, nous ?

Évidemment, parce qu'il en a faim et soif,
lui ; mais lui seul.

Donc, n'en parlons pas !

Prenons garde aux mots. Ce sont les plus dangereux des explosifs. Mieux que les obus, les
bombes, les mines, les torpilles, ils sont chargés
de cette dynamite et de ce gaz asphyxiant :
l'idée.

Et ils le savent bien, les chimistes de là-bas,
et c'est pourquoi, sournoisement, hypocritement,
selon leur méthode qui organise tout à longue
échéance, ils avaient imaginé d'organiser contre
nous l'énorme explosion ou la paralysante asphyxie possibles grâce au petit mot, au tout petit
mot chargé d'idée.

Par bonheur, l'idée dont ils l'avaient chargé,
ce n'était point celle que nous y mettons, nous.

Et ainsi leur coup, comme tous leurs coup[s]
d'ailleurs, jusqu'à présent, rate.

N'importe ! Méfions-nous quand même. D'a[u]-
tres, des neutres plus ou moins bien intentio[n]-
nés, peuvent astucieusement, et voire de bonn[e]
foi, changer l'idée contenue dans le petit mo[t.]
Certains s'y sont employés déjà.

Pour plus de sécurité, tenons-nous à l'abri d[e]
l'idée comme du mot.

N'en parlons pas !

Le sens que nous y avons attaché, nous, l[e]
vrai, le bon, le juste sens, il a été suffisamme[nt]
précisé par les déclarations expresses de tous le[s]
gouvernements alliés, par le sublime sacrifice d[e]
la Belgique et de la Serbie, par l'héroïsme d[e]
nos soldats et la sagesse de leurs chefs, pa[r]
l'union sacrée ayant pour mot d'ordre et vou[-]
lant pour seul mot de la fin le calme et certai[n]
jusqu'au bout.

A ce sens-là, à cet unique sens du petit mo[t]
et de l'idée qu'il formule, restons fidèles. Ter-
rons-nous en lui ainsi que dans une tranché[e]
inexpugnable, d'où nous ne sortirons que pou[r]
crier le mot et faire triompher l'idée comm[e]
nous les entendons, nous, et comme cel[a]
seulement.

Quant à n'importe quelle autre interprétatio[n]

l'on nous en donne, ou que l'on nous en donner, par quelque voix que ce soit, de que bouche qu'elle nous arrive, n'en ayons

, surtout, n'en parlons pas !

C'est encore le meilleur moyen d'éviter l'ex-sion ou l'asphyxie dont ils ont espéré, dans dernier espoir, charger le petit mot gros de dangereuse.

Tout au plus, puisque nous avons de notre l'humour et le sourire, amusons-nous de déconvenue, mais en silence. N'ayons qu'un d'œil ironique envers leur chancelier et ses montades donnant la réplique à la sozial-mokratie domestiquée, moins un Liebknecht, vers leur impérial Bottom jouant tous les rôles ce Songe d'une Nuit d'Été où il se réveillera en oreilles d'âne, ce tigre, et aussi envers suprême clown de leur féerie venant nous êcher la concorde sur son steamer à cinéma-graphes et à colombes; mais rien qu'un clin œil ironique pour tous ces cabotins, rien que la, et sans un mot.

Car ce dont ils veulent que nous parlions, non, non, c'est fini, nous n'en parlons pas.

La dernière fois que l'on a pu et dû en parler, paroles définitives ont été dites par les femmes

françaises, dont le *Conseil national* a refusé
prendre part à tout congrès contre la guerre ta
que durera la guerre. Et si ces paroles avaie
besoin d'être commentées, le commentaire en
été fourni par l'une d'elles, en ces termes ma
gnifiques :

« Les femmes allemandes font des manife
tations pour la paix. Nous, les mères, les femme
les filles, les sœurs, qui avons, non *perdu*, mai
donné ce que nous avions de plus précieux a
monde, nous devons faire aussi une manifesta
tion, mais une manifestation *pour la guerre*. Nou
ne pouvons pas permettre que le mot de pai
soit prononcé tant que nos chers morts ne seron
pas vengés, notre pays libéré, la grande víc-
toire acquise. Nous ne voulons pas la guerre
pour la guerre. Nous voulons LA GUERRE POUR
LA PAIX. »

A la bonne heure ! Et, en dehors de la paix
ainsi comprise, la paix, n'en parlons plus, n'en
parlons pas !

22 décembre.

XXX

Fier-à-bras.

Ce qui caractérise et distingue les classiques anciens, pères de nos humanités, puis, à leur suite, tous les fils légitimes de ces humanités souriantes et spirituelles, c'est le goût. Et voilà pourquoi, depuis les théâtres antiques jusqu'aux nôtres, le type du guerrier fanfaron s'est perpétué comme un type essentiellement comique.

D'un comique plutôt violent, d'ailleurs, haut en couleur et fort en gueule à l'occasion. Car le goût ne consiste pas uniquement, comme le prétendent les gens de faux bon goût, à être terne et insipide et à s'interdire tout éclat de voix lorsque le cri est nécessaire.

Aussi, ni le vieux Plaute dans *Miles gloriosus* ni les *Moralités* de notre moyen-âge goguenard, ni Villon et ses successeurs avec leurs Francs-archiers, ni les tréteaux italiens avec leur Fracassa, ni les intermèdes espagnols avec leur Matamore, ni Shakespeare avec Falstaff, ni Corneille dans *l'Illusion comique*, ni chez nous, du

vi⁰ siècle au théâtre de la Foire en passant
le grand siècle en personne, tant d'autres ex-
çant leur verve sur Tranche-Montagne, Ava-
tout-cru et Fier-à-bras, ne se sont-ils gênés po
être truculents en aboyant aux chausses
guerrier fanfaron.

N'empêche que, même poussé à la lim
extrême du ridicule, devenu bouffon et cari-
tural, le type demeurait essentiellement comiq
Sans doute, il ne se bornait pas à susciter le so
rire fin de la comédie, et il préférait déchaîn
le gros rire de la farce. Mais la tradition et
goût n'y pouvaient rien trouver à redire,
guerrier fanfaron étant créé proprement po
que l'on s'en moque et le bafoue, sans plus,
fût-ce à ventre déboutonné.

Il fallait la pédanterie germanique, si lourd
si épaisse, si colossalement inintelligente et
mirifiquement dénuée de goût, pour que Fier-
bras cessât enfin d'être un type comique,
devînt un personnage de drame, un masq
hideux, un spectre, un monstre, devant lequ
personne au monde n'aurait plus envie de ri

Et il fallait un peuple comme ce peuple
bêtes, à la fois stupides et orgueilleuses, po
qu'on pût lui persuader qu'il devait jouer le rô
de ce Fier-à-Bras nouveau, de ce guerrier fan

qui allait transformer ses fanfaronnades en
es et remplacer la vantardise de hauts faits
ginaires par l'exécution de réels forfaits.
Docile aux palabres de ses chefs, de ses phi-
phes, de ses intellectuels, érigeant en
roles d'Évangile les théories d'un Treitschke,
n Bernhardi, d'un pauvre fou tel que
tzsche, mal compris d'ailleurs par des imbé-
s, Fier-à-bras s'est soudain révélé, après qua-
te-cinq ans d'hypocrite incubation, comme
semeur d'épouvante à travers le monde ter-
risé, comme le maître futur de ce monde que
peur devait jeter à plat ventre devant lui.
Fier-à-bras désormais n'était plus un; il
tait mué en un troupeau compact de ses
reils. Et il se ruait ainsi dans le vol, le viol,
massacre, l'incendie, la ruine et le désastre,
rmi des gens sans armes, des vieillards, des
mmes, des enfants, en criant à tue-tête :
«Suis-je le plus fort, oui ou non? Le droit peut-
quelque chose contre la force, contre ma
rce? Quiconque ne le proclamera pas en
obéissant, je le traiterai comme j'ai traité
eux-là! »
Et il semait l'épouvante, en effet. Et la réalité
mblait lui donner raison, puisque le monde,
rrorisé, gardait le silence. La neutralité de la

Belgique, par la façon dont il l'avait niée, supprimée, par les scélératesses sans nom dont il avait martyrisé le noble pays lui faisant obstacle, frappait tous les autres neutres de paralysie. Pas un n'avait osé risquer un mot, un geste même de protestation.

Et Fier-à-bras se congratulait d'avoir si bien pratiqué les théories de ses maîtres, de prêcher si triomphalement par le fait l'Évangile de ses apôtres; et ses apôtres, et son vieux dieu lui-même, incarné dans la personne du kaiser mégalomane, lui répondaient :

« Rien rugi, loin ! »

Cependant, quelques peuples n'avaient point prêté l'oreille, ni la raison, ni le cœur, à cette terrorisation universelle. A côté de la Belgique mise en croix, et pour la venger, et malgré le silence de tous ces muets que sont devenus l'Amérique, la Hollande, les pays scandinaves, la Suisse, la Roumanie, la Grèce, voici que s'étaient dressés et que se tenaient, calmes, impavides, des hommes résolus à rester hommes libres, nous, les Anglais, les Russes, les Serbes, les Italiens, approuvés par les fils du Soleil Levant.

« Bien rugi, lion ! » avaient crié ceux du parti de Fier-à-bras.

Et les muets, quoique sans rien dire, avaient opiné du bonnet, terrorisés.

Mais ceux que l'on ne terrorise point, nos alliés et nous, en nous regardant les uns les autres, nous avons souri tous, avec la même pensée, celle-ci :

« Sous la peau du lion, qui croit avoir rugi si bien, il n'y a toujours que Bottom, l'imbécile et prétentieux Bottom. »

C'est notre sourire, sans doute, qui lui a soudain donné à réfléchir ; car voici qu'il commence à rugir moins bien, le pauvre Bottom. Et il a beau, dans sa nouvelle façon de jouer Fier-à-bras, s'être haussé au cothurne tragique, en monstre dévorateur, en spectre semant l'épouvante, il n'en est pas moins, toujours et quand même, l'ancien Fier-à-bras, classé par les humanités, qui ont du goût, comme type comique.

Et nous savons que l'heure est en route, où devant ce Fier-à-bras, Bottom sous une peau de lion, fût-elle toute rouge de notre sang, nous aurons toujours et quand même le sourire.

Car ce jour-là, sur la pierre de sa tombe, nous graverons, en guise d'épitaphe, ce délicieux dialogue, inspiré jadis au bon poète Ponchon par un mauvais tableau représentant un lion _à la manque_ :

« Lion, fais-moi peur.

— Ouaf! Ouaf!

— Oh! que j'ai peur! »

29 décembre.

XXXI

Au gui l'an neuf!

Aujourd'hui, cinq cent quatorzième jour de la guerre, avant-veille de la dernière Saint-Sylvestre qui en sera ensanglantée encore, c'est à plein cœur et de toute notre foi qu'il faut le faire revivre, le vieux cri de la Gaule saluant sa plante sacrée :

« Au gui l'an neuf! »

Car il s'annonce irréfragablement, cet an neuf, comme celui qui prouvera combien notre foi sans défaillance avait raison, comme celui qui donnera enfin la paix à notre cœur, l'unique paix voulue par lui, la paix dans la Victoire.

Si quelqu'un parmi nous pouvait en douter, qu'il prenne seulement, pour en devenir certain, la peine d'établir un simple bilan, mettant face à face, ainsi que des faits et des chiffres, ce que savait l'Allemagne il y a cinq cent quatorze jours, et ce qu'elle sait aujourd'hui, après le cinq cent quatorzième de ces jours.

Ce qu'elle savait alors, il faut bien en convenir, était une chose énorme, colossale. Et elle le savait à fond. Et elle y croyait dur comme fer. Et le monde presque entier y croyait avec elle. Ce qu'elle savait, c'est ce qu'elle résumait dans sa devise :

« L'Allemagne au-dessus de tout ! »

N'y était-elle pas, en effet? Ayant érigé en dogme que la Force prime le Droit, ou plutôt qu'elle le constitue, elle s'appliquait sans relâche, depuis un demi-siècle et plus, à réaliser cette Force sous toutes ses formes, militaire, industrielle, commerciale, navale, colonisatrice, même philosophique, même religieuse, puisque ses Intellectuels se faisaient les apôtres de ce dogme, puisque ses Social-democrates en étaient les humbles desservants, puisque son Kaiser y avait caporalisé leur vieux dieu qu'il incarnait.

Dès lors, comment l'Allemagne, en possession d'un tel *Credo*, en possession de la Force, eût-elle pu savoir autre chose que le droit de cette Force à violer tous les droits au détriment du bien, et que son pouvoir à triompher du monde entier?

Et voilà bien, en réalité, ce qu'elle savait, tout

ce qu'elle savait, uniquement et absolument, il y a cinq cent treize jours.

Aujourd'hui, par contre, après le cinq cent quatorzième de ces jours, parmi de graves et innombrables choses qui lui demeurèrent longtemps cachées et dont la vérité implacable ne lui fut révélée que peu à peu, en voici quand même quelques-unes qu'elle sait, et qu'elle ne peut point ne pas savoir.

Elle sait que son attaque brusquée sur Paris, soi-disant foudroyante, a trouvé un paratonnerre où elle s'est définitivement fondue, dans notre authentique victoire de l'Ourcq et de la Marne.

Elle sait que l'invincible garde impériale prussienne pourrit dans les marais de Saint-Gond.

Elle sait qu'elle n'a pas pris Calais, ni, de là, procédé à l'invasion de l'Angleterre.

Elle sait que son avale-tout-cru d'Hindenburg n'a rien avalé du tout, sauf quelques miettes de l'immense gâteau blanc au bout duquel brillent les dômes dorés de Moscou, et qu'il reste là devant, bouche bée, les crocs dans la neige.

Elle sait que soixante de ses sous-marins ont été pêchés par les chalutiers anglais, que sa flotte est immobilisée honteusement, que sa marine marchande est morte, que ses colonies n'existent plus.

Elle sait que la *misérable petite armée* de French

ompte à présent quatre millions d'hommes prêts
à entrer en campagne.

Elle sait que la Russie en aura, elle, pour le
jour où Hindenburg voudra remordre au gâteau,
huit millions à lui mettre en travers de la gorge.

Elle sait que ces huit millions de Russes et les
quatre millions d'Anglais, et nos poilus, et les
Italiens, et les Serbes, sont et seront de plus en
plus approvisionnés en artillerie lourde, mitrail-
leuses, fusils et munitions à n'en plus finir.

Elle sait quel chiffre de milliards nous a fourni
notre emprunt, sans épuiser le bas de laine
français.

Elle sait qu'elle est universellement haïe,
d'une haine qu'elle ne comprend pas, dit-elle,
mais qu'elle constate de reste, et comment!

Elle sait quelles pertes d'hommes elle a subies,
et son impuissance désormais à combler les
vides.

Elle sait que ses finances glissent vers la banqueroute, mathématiquement.

Elle sait, pour l'avoir entendue crier à Berlin, à
Munster et à Cologne, que la famine aussi la guette.

Elle sait, enfin... Mais non, cela, elle ne le sait
pas encore... Patience, quand même! Son enfant
terrible, Maximilien Harden, malgré le bâillon
qu'on vient de lui mettre sur la bouche, le lui

fera savoir bientôt, n'en doutons pas. Elle saura par lui que la maladie dont elle va mourir, c'est celle dont mourut son dernier philosophe, Nietzsche : *la paralysie générale.*

Et elle agonisera comme il a fait, le pauvre dément mégalomane, en répétant :

« Je suis une bête! Je suis une bête! »

N'avais-je donc pas raison de dire qu'il s'annonçait sous d'heureux auspices pour nous, cet an neuf qui va sortir de notre dernière Saint-Sylvestre encore ensanglantée par la guerre? Et n'avons-nous pas le droit, et aussi le devoir, de le faire revivre à cette occasion, le vieux cri de la Gaule saluant sa plante sacrée? Oui, oui, à plein cœur et de toute notre foi, crions-le, sans défaillance comme sans pitié :

« Au gui l'an neuf! »

Car elle symbolise encore notre âme, la plante sacrée à l'agrippement tenace, à la verdure immarcescible, à la victorieuse escalade. Elle symbolise l'âme française, que rien ne peut arracher au chêne indéracinable de la patrie, qui, perpétuellement, y rajeunit sa sève, qui ne désespère jamais, qui sourit parmi les larmes des pires deuils, et qui monte plus haut, toujours plus haut, à l'assaut de la lumière et du ciel.

« Au gui l'an neuf! »

5 janvier 1916.

XXXII

Bonnes lectures.

C'est au *Bulletin de l'Instruction primaire* que je les emprunte. Son numéro de décembre me les apporte, à titre de maire et de délégué cantonal, dans le tout petit patelin de Seine-et-Oise où je viens chaque semaine humer la douce et forte odeur de notre glèbe française. J'y ai trouvé de si savoureuses étrennes, que je ne saurais résister au désir d'en régaler autrui.

D'abord et d'une, le *Bulletin* ouvre sa partie officielle par le Livre d'or (neuvième liste) inscrivant les noms des héros, blessés, promus, et cités à l'ordre du jour, parmi les instituteurs du département.

Suivent trois excellents discours, brefs et substantiels discours. Auteurs : mon vieux camarade et ami Liard, vice-recteur de l'Académie de Paris ; M. Aimond, président de notre conseil général ; et notre préfet, M. Autrand. Tous trois respirent le plus ardent patriotisme, la foi raisonnée en la victoire, l'union sacrée. Les maîtres, qui en tireront des enseignements pour leurs élèves, feront de la belle et bonne besogne.

Et voici enfin, dans la partie non officielle, ce qui m'a plus particulièrement paru constituer les savoureuses étrennes à partager entre tous.

En premier lieu, quelques extraits de sermons, prononcés en Allemagne, lesquels, selon les instructions de M. le vice-recteur, devront être lus dans les écoles de l'Académie de Paris. Combien sagaces et sages, ces instructions! Nos enfants, en effet, apprendront ainsi, à fond, et sans jamais pouvoir l'oublier, de quelle haine nous haïssent nos ennemis, tous les sauvages à qui leurs pasteurs eux-mêmes osent prêcher un pareil Évangile.

Au dire de Rheinold Seeberg, professeur de théologie à l'Université de Berlin, les Allemands, en nous faisant la guerre atroce qu'ils nous font, suivent le commandement de leur *vieux dieu*, qui leur enjoint de nous aimer. Du haut de sa chaire, le théologien affirme ceci :

« Les parents aiment leurs enfants ; mais ils les châtient. Les maîtres aiment leurs élèves ; mais ils les punissent. Ainsi l'Allemagne aime les autres nations ; mais elle les fait souffrir pour leur bien. Elle accomplit donc une œuvre d'amour, quand elle les envahit, les tue, les incendie, les martyrise. »

Le pasteur Philippi, de Berlin, enchérit encore, si c'est possible, en ces termes :

« L'humanité doit être sauvée par le fer et le sang. De même que le Tout-Puissant fit crucifier son fils afin que s'accomplît l'œuvre de rédemption, de même l'Allemagne est destinée, et c'est sa mission divine, à crucifier l'Humanité pour assurer son salut. »

Quant au pasteur Loebel, de Leipzig, il trouve moyen d'outrepasser toutes les bornes des férocités précédentes par celles-ci, qui sont de la pure démence :

« Le ciel, bénissant les Allemands, les a désignés comme le peuple élu, seul défenseur de la chrétienté. C'est ce qui nous autorise à nous réjouir, d'un cœur reconnaissant, quand nous abattons tous les fils de Satan sous nos engins, quand nos merveilleux sous-marins, instruments de la vengeance divine, envoient au fond des mers ces milliers de non-élus. Leurs tortures doivent nous être agréables. Leurs cris de douleur ne doivent pas émouvoir les sourdes oreilles allemandes. Point de quartier pour les Anglais, les Français, les Russes, et tous les peuples qui, s'étant donnés au diable, sont donc condamnés à périr par une sentence divine ! »

Oui, voilà quelles horreurs sont capables de

proférer, chez eux, dans leurs temples, en chaire,
des théologiens, des pasteurs, des êtres ayant
une famille, une femme, des enfants ; et qui
prétendent représenter sur la terre un dieu
d'amour, mort en croix par charité pour les
hommes !

Ah ! vite, vite, lavons de ces horreurs nos
âmes qu'elles ont souillées ! Heureusement, voici
de quoi. Ce sont d'autres extraits, avec lesquels
s'achève, en beauté, le brave *Bulletin* aux bonnes
lectures. Extraits d'humbles lettres, écrites par
de simples instituteurs, datées du front où ils se
battent, non pas en brutes aliénées, mais en
soldats du droit et en défenseurs de leur patrie
envahie, de leur mère qu'on viole.

Celui-ci est un tout jeune conscrit, frais
émoulu de l'École Normale de Versailles, et qui
a l'âme douce et poétique. Il raconte qu'entre
les lignes françaises et ennemies il y a beaucoup
de camarades morts, qu'on ne peut aller relever,
et qu'il a été condamné à regarder pendant des
heures entières à un créneau. Et il termine sa
lettre par ces lignes :

« S'il me faut mourir, j'envie ces morts qui
sont tombés en courant à l'assaut, et que la
prairie en fleurs recouvre peu à peu. Je crois que le
soleil les caresse encore, et qu'ils éprouvent une

...pté suprême à sentir la nature les digérer et ...r âme devenir l'âme des fleurs. »

Cet autre, un homme fait, sage, qui se raisonne, ...sous-lieutenant, écrit :

« Il faut faire confiance aux poilus et à l'État-...jor. Ils le méritent bien, croyez-le. Si cer-...nes opérations ne réussissent qu'à demi, n'in-...criminons personne ; c'est souvent l'histoire du ...ain de sable qui arrête le mécanisme le mieux ...ompris ; un fil téléphonique coupé ; un officier ...e liaison blessé ou tué ; un ordre mal transmis ; ...que de cas impossibles à prévoir... De tout ...on cœur de Français et de père de famille, je ...sire la fin de cette horrible boucherie ; mais, ...utôt que de se contenter d'un demi-succès, ...'une victoire incertaine, je vous le dis sincè-...ment, je préférerais verser jusqu'à la dernière ...outte de mon sang. »

D'un troisième, décrivant l'arrivée au haut ...d'un mont alsacien, fanfare en tête, baïonnette ...u canon, les hommes fourbus redressés par la ...victoire, cette fin de lettre :

« En de tels moments, l'enthousiasme soulève ...omme une vague, irrésistiblement. Une con-...fiance immense inonde les cœurs! L'être tout ...entier n'est plus qu'une volonté tendue dans ...une âme bercée par la musique, et pour laquelle

alors le suprême sacrifice devient étrangem[...]
facile. »

Et, pour conclure, ceci, sur quoi je terminer[...]
sans commentaires, et que je recommande a[...]
méditations des pasteurs énergumènes de [...]
haut :

» J'ai remarqué, sur le *Bulletin* de Seine-e[...]
Oise, la liste déjà si longue de nos glorieu[...]
morts. Hélas ! oui, il tombe beaucoup de[...]
nôtres ; mais ce sang si généreusement vers[...]
n'est pas répandu inutilement. Oui, bravo le[...]
instituteurs ! Et bravo aussi pour tous les Fran[...]
çais qui marchent au feu le corps droit, la têt[...]
haute, méprisant la mort, et voyant au bout d[...]
leur héroïsme la liberté du monde ! »

12 janvier.

XXXIII

Dégel.

Tant crie-l'on Noël, qu'il vient[...]
FRANÇOIS VILLON.

O sage fol de poète, notre aïeul, vieux moineau parisien dont l'âme fleurit toujours à Paris[...]
comme tu as eu raison, parmi tous tes beau[...]

de nous laisser celui-là, si joliment encou-
ant, et notre devise, en vérité, puisque la
nce elle-même, plutôt morose chez les
es, sait chez nous garder le sourire!

eut-être, cette fois-ci, l'avons-nous crié un
trop tôt, Noël. Beaucoup trop tôt, pour tout
. Voici dix-sept mois et demi, en effet, que
le crions. Et deux fins de décembre ont
é bel et bien, il faut l'avouer, sans qu'il vînt,
oël en retard!

out de même, il est venu. Le voilà, du
ns, qui vient. On le voit poindre. On entend
voix annonçant qu'il est proche. Il était en
rd sur nos espérances, soit! Et, pour le
p, en 1916, il arrivera, c'est certain mainte-
t, en avance.

uel Noël, donc? Bédame, celui de la victoire,
bleu! Car, pour le fêter, celui-là, on n'atten-
fichtre pas le nouveau 25 décembre!

e Noël, que nous avons tant crié trop tôt, et
vient, ce n'est plus avec la neige et les fri-
qu'il va venir; c'est avec le dégel.

t le dégel, quoique nous soyons encore en
er, a déjà commencé. Crions Noël! Crions
ël! Pour que le dégel continue, pour qu'il
centue, pour qu'il devienne la dégelée!

ais quel dégel, voyons? De quoi donc nous

parle-t-il, cet autre fol de poëte? De quel dé[gel]
et de quelle dégelée? Oyez, oyez, je vous pr[ie]
bonnes gens! Ce fol est un fol à la façon de s[on]
aïeul, du bon poëte François Villon, du vie[ux]
moineau parisien, un fol sage.

Le dégel qu'il chante, le dégel qu'il voit, [et]
que l'on ne peut pas ne pas voir, c'est le dég[el]
du mur allemand.

Ah! ce mur, il était si dur, si compact, s[i]
résistant, que lui-même, et le monde entier ave[c]
lui, l'avaient pris pour un mur d'acier. Et l'âm[e]
qui habitait derrière ce mur, cuirassée d'un[e]
telle cuirasse, en paraissait et se proclamait d'u[n]
acier infrangible, elle aussi.

Et le monde entier croyait à cela aussi. C[e]
n'est pas vous qui direz non, n'est-ce pas, cher[s]
neutres? Car, si vous n'aviez point cru à cela, i[l]
y a beau jour que vous auriez parlé, n'est-c[e]
pas, chers muets dont le mutisme s'est manifest[é]
de plus en plus incurable?

Or, voici qu'aujourd'hui, sans contestation
possible, le fameux mur d'acier, auquel rien ni
personne ne devait jamais faire brèche, il a
des fissures, et de larges fissures, par où l'on
voit à l'intérieur de la si compacte et si résis-
tante cuirasse.

Et l'âme qui en était cuirassée, de cette cui-

me, on constate qu'elle n'était pas d'infran-
ble acier, elle non plus. Elle a des trous. Elle
igne, coule, fond, par les exutoires de ces
ous.

Et ce n'est pas seulement du sang qui dégou-
ne de ces trous. Il en tombe aussi des larmes,
piteuses larmes.

Le mur d'acier était un mur de glace. L'âme
acier était une âme de glace. Tout ce dur, ce
mpact, ce résistant, se dissout lentement en
u, et coule, et fond, plus encore qu'elle ne
igne, en eau lamentable, l'eau du dégel.

Si vous refusez d'ajouter foi au fol sage qui
us parle, écoutez du moins le langage de cette
u qui parle elle-même et qui vous forcera de
oire en elle.

Lisez, lisez les extraits des lettres, des cinq
ille lettres trouvées sur les douze cents pri-
nniers du Vieil-Armand ! Mais vous les avez
,pour sûr, ces extraits. Il n'est pas un journal
i n'en ait publié. Tout le monde les connaît.

On y a les preuves, à satiété, de la lassitude,
la désespérance, de la misère physique et
orale, de la révolte, sourde d'abord, puis me-
çante, à quoi sont en proie là-bas les familles
déments partis pour la conquête du monde,
assiégés et bloqués désormais derrière leur

mur de soi-disant acier devenu un mur de glace
fondante. N'y eût-il eu que les quatre extraits
suivants, ils suffiraient à tout dire :

*Quand tout le monde sera mort, la guerre finira
peut-être.*

Cela ne peut pas durer. Les forces nous manquent. Quand nous aurons la paix, nous remercierons Dieu à genoux.

*Le pasteur a dit joyeusement que la paix sera
faite en février. Tout le monde, dans le temple,
se mit à pleurer. On entendait les gens sangloter.*

Tout est fini. Nous serons obligés de tout abandonner si la guerre n'est pas terminée au printemps.

O chers neutres, pensez-vous toujours que le
mur, et l'âme derrière le mur, sont en infrangible acier? Osez donc dire que oui, si vous avez
enfin retrouvé la parole, honnêtes muets!

Le dégel, le bon dégel, en doutez-vous maintenant, vous tous qui voyez le mur de glace se
désagréger, et l'âme de glace aussi, vous tous
qui entendez l'eau pleurer goutte à goutte, avec
son bruit de larmes piteuses, son dégoulinement
avant-coureur de l'effondrement final?

Le dégel! Le dégel! Il attaque aussi le mark
dont l'argent va s'en aller en eau, lui pareillement, en eau de boudin cette fois.

e boudin de Noël, parbleu ! Car il vient, il
venir, il est presque venu, le Noël que nous
ons crié trop tôt, certes, mais que nous avons
à venir quand même, à force de le crier, tu
ais raison, mon vieux Villon !

Et elle a raison aussi, la vieille ronde fran-
ise que vous chanterez à ce bon Noël-là, ô
fants de France, à ce Noël de la victoire, la
nde joyeuse, goguenarde, vengeresse et pro-
étique, la ronde paysanne qui dit :

> Du pâté d'alouette,
> Guillaume et Guillaumette !
> Chacun s'embrassera,
> Et Guillaum' restera.

Oh ! oui, oui, qu'il restera ! Et comment ! Fondu
r le dégel, lui aussi, après la suprême dé-
lée ! Le dégel de sa gorge, joint à l'autre
nd dégel ! Si bien qu'il n'aura même plus de
ix pour crier grâce ! Si bien qu'il en sera réduit
ceci, sans plus, le pauvre : Faire *Kamerat* à la
uette !

Encore ne pourra-t-il le faire que d'un seul
as !

XXXIV

Son vrai mal.

Aurais-je par hasard, moi pauvret, l'outrecuidante et folle prétention, ce mal, de le connaître ?

Non, non ! Rassurez-vous ! Aucun diagnostic
de chic ne vous sera infligé ici. Je n'y ai pas plu
de goût qu'à la stratégie en chambre. Ce mal,
quel qu'il soit, et sur le peu de renseignement
qu'on en a, les princes de la science ont seul
qualité pour en disserter *ex professo*.

Eux-mêmes, d'ailleurs, tout compte fait, ne
semblent pas en savoir grand'chose de certain.
Il est donc inutile de vouloir, nous autres ignares,
en savoir davantage. Contentons-nous d'enregistrer, quoique assez diverses, leurs conclusions.

Aussi bien ces conclusions diverses sont-elles
toutes d'accord sur le point essentiel qui nous
intéresse : la constatation du mal. Et là-dessus il
n'est pas jusqu'aux plus anodines qui n'aient encore, avouons-le sans la moindre fausse honte,
de quoi nous être plutôt agréables.

Que le mal, en effet, soit un cancer du larynx

...us la forme la mieux caractérisée, ou qu'il ...it seulement un symptôme, fût-ce un pro-...rome, de cachexie cancéreuse ; qu'il soit une ...imple manifestation nouvelle, après plusieurs ...utres, d'une affection et infection anciennes, ...émoignées tant de fois déjà par une otite puru-...ente aux retours tenaces, aux écoulements in-...arissables, par des angines, des amygdalites, ...es abcès, des phlegmons, des aphonies ; que ...atteinte, la reprise du mal, soit aujourd'hui des ...lus graves ou des plus bénignes, n'importe ! Ce ...ui demeure bien établi, et indiscutable, c'est que ...e mal existe, qu'il est constant, qu'il est là....

Un de nos blessés en convalescence, qui lit ...ar-dessus mon épaule, ne se gêne pas pour ...jouter, avec un bon rire auquel il a tous les ...roits, certes :

« Il est même *un peu là* ! »

Et le mot et le rire du brave poilu achèvent, ...n effet, toute ma pensée.

Non seulement ils l'achèvent ; mais, du coup, ...ls évoquent autour d'elle comme un essaim ...'abeilles, dardant leurs aiguillons vengeurs et ...usticiers vers le malade en proie à ce mal. Car, ...'un autre malade, on pourrait, on devrait avoir ...itié. De celui-là, qui donc l'aurait ?

N'est-il pas un criminel, coupable du plus

monstrueux crime envers l'humanité? Ne s'est-il point mis lui-même au ban de cette humanité qui ne saurait plus être humaine pour lui? Ne se sent-elle point dans l'obligation de rester impassible et implacable devant le châtiment qu'il subit, si terriblement qu'il en puisse souffrir, après l'avoir tant et si terriblement mérité?

Oui, de quelque nom qu'on le nomme, il est là, le mal, dans cette gorge, où il s'est fixé pour n'en plus jamais sortir maintenant. Car la justice des choses, la Némésis, le veut ainsi.

Il fallait, il fallait absolument, pour que la force du Droit fût proclamée à la face du monde, il fallait, de toute nécessité inéluctable, que le criminel fût puni par où il avait péché.

Ah! le hâbleur, le menteur, le Tartuffe d'une paix à laquelle il voulait faire croire sans y croire lui-même, le faux prophète prêchant au nom de son vieux Dieu une guerre d'extermination contre tous les peuples, et empoisonnant son propre peuple de cet abominable Evangile mégalomaniaque, n'est-ce donc pas par ses paroles empoisonnées, par son verbe, par sa gorge, par le souffle empesté de cette gorge, qu'il avait déchaîné sur la terre en deuil un tel ouragan de mort, aux averses de sang, aux rafales de fer, de feu, de viols et de massacres?

Souvenons-nous ! N'oublions jamais ! Les mensonges, les fourberies, les cris de haine, les mots d'ordre organisant l'égorgement des hommes, des enfants et des femmes, c'est de cette gorge-là qu'ils ont pris leur essor d'oiseaux carnassiers.

Son premier discours, pareil au vol plané par quoi le rapace endort sa proie prochaine, voici ce qu'il disait, rappelons-nous, rappelons-nous :

Je sais que dans le public on m'impute des pensées de gloriole et de conquête. Dieu me préserve d'une folie aussi criminelle ! L'Allemagne n'a besoin ni de conquêtes quelconques, ni de gloire militaire.

Et la même gorge devait proférer plus tard, en précipitant les bandes des nouveaux Huns à la guerre :

Je vous promets un nouvel empire romain-allemand, plus beau qu'aucun de ceux qu'ait vus l'Histoire, et qui gouvernera le monde entier.

Et toutes ses proclamations depuis, toutes ses affirmations orgueilleuses de son droit à nier tous les droits, tout ce qu'ont approuvé ses intellectuels à plat ventre, tout ce qu'ont érigé en théorie ses savants domestiqués, tout ce qu'a dit, crié, rugi, glapi toute l'Allemagne soûlée par son ivresse à lui, tout ce que leur Maximilien Harden traduisait ainsi, dans son cynique pamphlet *Die Zukunft*:

Non, ce n'est pas contre notre volonté que nous nous sommes rués dans cette aventure gigantesque. Nous l'avons voulue, la guerre. Nous devions la vouloir. Quand l'Allemagne aura conquis les nouveaux domaines auxquels son génie a droit, alors les prêtres de tous les dieux célébreront cette guerre bénie.

Car Harden, aujourd'hui la bouche close d'un bâillon, était à ce moment-là le porte-voix claironnant de son Kaiser; et l'hymne lui avait été soufflé par le verbe jailli de cette gorge.

Mais cette gorge, à présent, elle a son bâillon, elle aussi. Cancer, ou phlegmon, ou amygdalite, le bâillon qui la ferme, qui est enfoncé en elle jusqu'au fond, c'est le mal, le mal vengeur, le mal justicier et implacable, qui punit le malade par où il a péché.

Et la voilà qui est aphone, cette gorge, et qui ne pourra plus les dire, les mots de mensonge, de crime, de férocité, de démence. Il semblerait que tout ce qu'elle a dit, et aussi tout ce qu'elle a fait dire, et aussi tout le sang qu'elle a fait verser, est désormais en elle, y forme un immonde et indissoluble et inarrachable caillot, comme un *garrote* intérieur qui se gonfle et se durcit et va étouffer le patient.

Une seule chose en sortira encore, de cette gorge : un râle !

Oh! puisse-t-il hésiter longtemps à y venir!
Et que cela soit son vrai mal, au monstrueux
malade! Qu'il l'appelle dans l'angoisse, ce râle!
Qu'il le réclame dans la torture! En vain! En
vain! Et qu'il soit libéré le plus tard possible du
mal qui est là, qui *est un peu là!*

—————

26 janvier.

XXXV

Son fou.

Car vous pensez bien, n'est-ce pas, qu'il devait en avoir un, pour que sa Cour fût complète!
Et un qui ne parût pas trop indigne d'y faire
figure, à cette Cour, sur les marches d'un trône
où siège un si grand Empereur, incarnation si
sublime et si romantiquement moyenâgeuse
de son vieux dieu!

Quelque simple Triboulet eût-il pu y suffire?
Non, à coup sûr. Bon pour un simple roi de
France, notre Triboulet! Pas assez kolossal pour
un nouveau Barberousse!

Il lui fallait un fou plus rare, plus extraordinaire, plus spécial, plus étrange, plus mirobo-
lant. Il lui fallait un fou tel que jamais on n'eût

vu, ni même imaginé le pareil. Bref, un monstre qui fût pour le moins, dans son genre, l'équivalent de son maître en personne, c'est-à-dire quelque chose comme un monstre unique et *über alles*.

Ah! il ne fut pas commode à dénicher, ce monstre-là! Et pourtant, combien, de candidats se présentèrent pour en tenir l'emploi, dans cette Allemagne servile, que Nietzsche, après Heine, a baptisée si justement le pays de la pire valetaille!

Tous s'y sont rués à plat ventre, vers l'honneur dégradant d'être ce bouffon de Cour, ce fou du Kaiser! Tous, dans toutes les classes de la société : hommes d'État, généraux, politiciens, journalistes, professeurs, savants, ouvriers, soldats, industriels, commerçants, banquiers, pauvres bougres, et jusqu'à des pasteurs, la Germanie entière, quoi!

Mais aucun n'a pu arriver à se faire choisir. La bassesse, même des plus bas, offrait toujours du déjà vu, du trop connu. Rien de rare, d'original! Rien qui eût seulement l'apparence, le *simili* du fameux miracle exigé pour être élu le monstre, le fou *über alles*.

En vain le chancelier Bethmann-Hollweg a fait le gracieux avec ses « chiffons de papier ».

En vain le général Dirfurth a cligné de l'œil en ne se trouvant pas encore assez Barbare. En vain les quatre-vingt-treize Intellectuels ont glapi leur immonde : « Il n'est pas vrai que... ». En vain les ligueurs du Commerce et de l'Industrie leur ont donné la réplique. Et aussi les Social-Démocrates, à l'unanimité sauf un seul. Et en vain pareillement se sont ingéniées à être drôlatiques les Universités domestiquées, y compris leur plus illustre membre, cet Ostwald, lauréat du prix Nobel, qui a découvert le *facteur de l'organisation*, et qui veut l'appliquer à l'Europe pour la civiliser enfin.

Même le pasteur Heim, membre du Reichstag, a fait chou-blanc. Et quelle trouvaille que la sienne, cependant! Quelle splendide entrée de clown, en dément bien caractérisé comme fou possible du potentat dément! Rappelez-vous sa profession de foi :

Certes, nos soldats ont fusillé en France et en Belgique des hommes, des femmes et des enfants. Mais quiconque considère cela comme contraire aux enseignements de la doctrine chrétienne, prouve seulement qu'il ne comprend rien du tout au véritable esprit du Christ.

Et dire qu'il n'a pas été choisi non plus, celui-là! Mais quel phénomène te fallait-il donc, ô

Kaiser, pour en faire ton fou de Cour? Comme
tu as le goût difficile, grand Empereur, tudieu !

Eh bien ! il avait raison d'attendre encore, et
d'espérer qu'il finirait par le trouver, le fou de
ses rêves, le fou digne de lui, le monstre unique
et *über alles* ! Le destin a récompensé la patience
du chercheur.

Il est trouvé, il est élu, le fou de Guillaume !
C'est un fou tel que jamais, en effet, on n'a vu,
ni même imaginé le pareil. C'est un fou qui est
roi. Que dis-je ? Plus que roi ! Presque empereur,
comme son maître ! Une façon d'empereur, tout au
moins ! Ne s'est-il pas intitulé *tzar* des Bulgares ?

« Plaît-il ? Qui ça ?

— Dame ! Ferdinand, voyons ! »

Oh ! l'admirable, le superlificoquentieux début
qu'il vient de faire dans son emploi, notre suave
Ferdinand ! Comment, par quoi ? Mais par son
discours latin au Kaiser ! Un chef-d'œuvre ! Un
pur chef-d'œuvre !

Naturellement, ainsi qu'envers tous les chefs-
d'œuvre, on a été injuste, de prime abord,
envers celui-là. On en a jugé le latin sévère-
ment. De mauvais aloi, n'a-t-on pas craint de
dire. Presque du latin de cuisine, aurait-on pu
ajouter. Et, certes, je ne m'inscris pas en faux
là-contre, messieurs les critiques ! Mais....

Mais avez-vous bien lu, et saisi, et subodoré, tout le poison qu'il distille, ce mauvais latin? Et ne croyez-vous pas que sa platitude soit plate à ce point tout exprès, pour mieux enrober et dissimuler la saveur du poison? Et ne vous souvient-il pas que ce matois de Ferdinand est la plus méchante drogue qui soit au monde? Et ne savez-vous point, d'autre part, que le propre et le privilège des fous de roi (quand ils ont du génie, ces fous), c'est de dire au roi la vérité en riant?

Maintenant que vous voilà dûment avertis, savourez le discours latin, et vous verrez s'il est vraiment d'un cancre, d'un sot, ou si plutôt, il n'est point le chef-d'œuvre que je vous ai proclamé, le pur chef-d'œuvre.

Il qualifie le Kaiser de *gloriosus*, certes! Mais Ferdinand, comme le plus humble élève de rhétorique, sait fort bien que *gloriosus* signifie *vantard*, *fanfaron*, et non pas du tout *glorieux*. Il connaît le *Miles gloriosus* de Plaute. Je suis même sûr qu'il connaît aussi cette définition du paon, par Pline l'Ancien : *animal gloriosum*.

Dès lors, comprenez-vous son adjectif, et en goûtez-vous tout le sel âcre et mordant?

Autre chose! Il se prosterne devant son maître en lui disant de sa plus belle voix :

Ave, imperator et rex! Omnes populi Orien
te salutant.

Cette formule ne vous rappelle-t-elle rien ? S
n'est-ce pas ? Le salut des gladiateurs avant
duel. Mais quel mot Ferdinand laisse-t-il do
sous-entendre ? Le seul mot à entendre, comm
de juste. Et ce mot, essentiel, est : *moritur*

Traduction en clair : *Tous les peuples d'Orien*
le mien et ceux qui te suivront, sont des con
damnés à mort.

Oh ! le sage fou, le fou *über alles* que vous
avez là, Empereur à qui nul ne dit jamais les
choses comme elles sont, Empereur à qui celui
ci vient de les dire tout à trac, dans son mau
vais latin si expressif, avec son sourire ambigu,
avec son regard de putois !

Dame ! Qu'y faire maintenant, pauvre Sire ?
Ce putois, je vous le répète, est aussi un matois.
Et puis, et puis... Cobourg, soit ! Quand même,
il lui reste dans les veines quelques gouttes de
sang français. Et alors, que le Cobourg, finalement, l'ait voulu ou non, c'est lui, ce sang-là,
qui vous a craché la vérité en plein visage.

2 février.

XXXVI

Au président Wilson.

Quoique je n'aie pas l'avantage de connaître intimement le président Wilson, et que je ne sache donc pas s'il est bon humaniste, je jurerais qu'il a un faible tout particulier pour Horace.

Oh? pas pour le vieil Horace, à l'âme si sublime, que fait si hautement parler notre Corneille! Une telle âme et un tel verbe auraient plutôt, j'imagine (et soit dit sans vouloir l'offenser), de quoi effaroucher le président Wilson.

Non! C'est à l'autre Horace que je pense, à Quintus Horatius Flaccus, à l'exquis, suave et modéré poète, traduit par tant d'anciens magistrats, et combien digne d'en être aimé! N'abonde-t-il pas en fins et fructueux préceptes de morale pratique, à la fois aimable et sérieuse? Et qui les suit, ces préceptes, n'a-t-il pas toutes les chances d'être un sage?

Ainsi apparemment en a jugé le président Wilson. De là son faible pour Horace; et de là, sans aucun doute, le juste renom de sage qu'il a gagné.

Loin de moi, encore un coup, toute intentio[n]
de lui en faire quelque mauvais compliment[s]
Tant s'en faut, que je me permets, bien au con[-]
traire, de lui en exprimer mes plus vives et sin[-]
cères félicitations !

Je ne l'eusse point fait, avouons-le, l'an der[-]
nier, au moment des..., ni même il y a deu[x]
mois, à l'époque du..., et encore moins dans le[s]
premiers jours de la guerre, lors du viol belge[.]
En ces temps-là, j'aurais volontiers crié, et d[u]
haut de ma tête, au président Wilson, et san[s]
scrupule aucun de manquer au respect que je lu[i]
dois :

« Ce n'est pas Horace le modéré qu'il s'agit d[e]
prendre pour inspirateur; non, non! C'est l[e]
vieil Horace, le Romain à l'âme sublime, le héro[s]
au verbe cornélien ! »

Je pensais, en effet, nous pensions tous, alors[,]
que le vrai devoir des Neutres, et surtout de l[a]
grande République au drapeau étoilé, demandai[t]
une protestation ferme, nette, absolue, contr[e]
les pirates mépriseurs de tous les droits, contr[e]
les assassins de femmes, d'enfants. Nous étion[s]
convaincus que la protestation serait faite, e[t]
qu'il y avait couardise et déshonneur à ne poin[t]
la faire.

Mais c'est qu'alors je n'avais, nous n'avions[,]

en compris du tout à l'état d'âme, encore inexpliqué, obscur, qu'est celui du président Wilson. Et comment y eussé-je, moi surtout, pauvret, compris quelque chose, moi qui ne connaissais pas intimement, moi qui ne pouvais me figurer ni même subodorer, de près ou de loin, son faible tout particulier pour Horace?

Aujourd'hui, j'ai compris enfin, j'ai vu, j'ai deviné. Il n'y avait qu'à réfléchir un peu. Réfléchissons!

Après dix mois, et plus, de vains protocoles diplomatiques, de notes échangées, de chicanes sur le blocus anglais mêlées aux chicanes sur le torpillage du *Lusitania* et s'emberlificotant les unes dans les autres, après les attentats des Germains naturalisés trahissant leur nouvelle patrie américaine au profit de l'ancienne patrie allemande, après toutes les roueries du Bernstorff et les tartufferies du Hohenzollern, où en sont les affaires entre le Kaiser et le président Wilson?

Voilà ce qu'il faut établir, et bien regarder, pour y voir clair. Essayons!

L'Allemagne refuse formellement de faire amende honorable, de désavouer ses pirates, de renoncer à sa piraterie. Et elle aboutit, sans plus,

à indemniser pécuniairement les victimes d*
Lusitania.

A quoi le sentiment unanime américain répond, par la voix de la presse, que ce serait *la
honte éternelle des États-Unis, s'ils admettaient
que leurs dollars ont pour eux plus d'importance
que leurs morts.*

Fort d'un pareil appui, et même avant qu'on
l'eût exprimé aussi énergiquement, qu'a fait le
président Wilson ? S'est-il donc laissé, depuis
un an, engluer aux pièges, promesses ou me-
naces, de l'Allemagne ? Pas le moins du monde.
Il n'en avait que l'air. En réalité, voici ce qu'il
pensait et ce qu'il pense. Et sa pensée n'en a que
plus de force et de poids, pour s'être révélée peu
à peu, pour s'être formulée comme en gouttes
d'eau froide, limpide, à la dureté de diamants.

D'abord, à propos des Germains naturalisés
qui ont trahi leur nouvelle patrie :

*De tels êtres, que font agir criminellement la
colère, l'infidélité au serment juré, les passions
anarchiques, doivent être anéantis.*

Puis, touchant le pacifisme soi-disant incura-
rable des États-Unis :

*Si patients qu'ils puissent être, les Américains
préféreront toujours à la paix le maintien intégral
des principes sur lesquels repose leur vie politique.*

uis, pour bien avertir les hommes d'argent et
aires que leur argent et leurs affaires vont
t-être bientôt se trouver en danger, ces pa-
es si caractéristiquement menaçantes :

*Je ne peux pas laisser croire plus longtemps au
s que demain soit toujours aussi sûr que l'est
jourd'hui.*

Qu'est-ce à dire? Est-ce que les États-Unis
visageraient la nécessité d'avoir à se défendre,
combattre? Et pourquoi donc pas ? Enchaînez
précédentes propositions par la logique sous-
tendue qui les relie, et vous avez comme con-
usion fatale ceci, qui dit bien ce que le prési-
t Wilson veut dire :

*Sans que le pays en arrive au pur militarisme, il
faut une armée capable de maintenir la paix
de préparer ses citoyens à protéger eux-mêmes
leurs convictions.*

A coup sûr, ce n'est pas ainsi que le vieil Ho-
ce eût parlé, dans le verbe de notre Corneille.
is ce simple langage, convenez-en, n'est pas
n plus sans fierté, sans autorité, pour avoir
oins de grandiloquence.

Que maintenant le président Wilson prononce
mot de la fin, mettant l'Allemagne en de-
ure d'être châtiée, et il aura bien mérité de
n cher Horace qui lui a fourni la devise de

son action lente. mais sûre, avec le fameux
pede Pœna claudo.

Seulement, prenez-y bien garde, président
Wilson ! Dites-le vite, ce mot de la fin ! Il y a
claudo, dans le texte ; il n'y a pas *claudissimo*.
Ne faites point Horace plus modéré qu'il ne
l'est, quand même.

Il affirme que le Châtiment rattrape le Crime,
quoique d'un pied boiteux. Ne traduisez pas boiteux par cul-de-jatte !

9 février.

XXXVII

« Révérence gardée ! »

C'est en avril 1916 que l'Espagne devait célébrer le troisième centenaire du jour où est mort
son plus grand écrivain, l'auteur de *Don Quichotte*, Cervantes.

C'est à plus tard, on ne sait trop à quand, à
une date encore indéterminée, quelconque, mais
après la guerre, que l'Espagne, paraît-il, vient
de renvoyer cette fête commémorative.

Révérence gardée, m'est avis que l'Espagne
fait bien.

Et d'abord, parce que Cervantes, après ses trois siècles d'immortalité, tout représentatif qu'il reste de son pays natal à une certaine époque, ne lui appartient plus uniquement et exclusivement. Il compte désormais parmi les génies universels admis au Panthéon de l'Humanité.

Que l'Espagne, donc, le veuille ou non, et soit dit sans vouloir l'offenser, quand il s'agit de rendre hommage à l'un de ces génies-là, elle n'est plus seule ayant voix au chapitre. L'hommage, pour être complet, doit être rendu par l'élite du monde entier.

L'Espagne pourrait-elle la convoquer à cette cérémonie, cette élite, dans ce moment ? Certes, non. C'est donc Sancho en personne, avec tout son bon sens, qui lui a dicté la sage décision de remettre la cérémonie à plus tard.

Aussi bien cette élite du monde entier, même si l'Espagne pouvait la réunir, serait-elle d'accord avec l'Espagne d'aujourd'hui, sur le genre d'hommage qu'il convient de rendre à Cervantes et à son héros ?

Révérence gardée, encore une fois, m'est avis que non. Et Sancho en personne, je n'en doute pas, Sancho jugeant de tout son solide bon sens, trouverait que je n'ai point tort.

Car il aimait son maître, et l'admirait, et le

vénérait, le brave Sancho ! Et il avait beau tâcher
à se mettre en travers des folies où il le voyait
se ruer si généreusement, il ne l'en aimait, e
admirait, et vénérait pas moins, sachant que
l'âme de ce fou flambait comme une âme de
martyr et de saint !

Or, ce que Sancho lui-même sentait, tout
humble et sage qu'il fût, le pauvre homme, c'es
précisément cela, et cela seul, que l'élite du
monde a senti, elle aussi, et qu'elle a aimé,
admiré, vénéré de plus en plus, dans le héros
de Cervantes. Et voilà pourquoi la postérité, sur
la foi de cette élite, a mis Cervantes en son Panthéon, comme Sancho avait *don Quichotte* en son
cœur.

Nous ne l'ignorons pas, que Cervantes, tout
le premier, au début de son livre, avait eu dessein de tourner en ridicule son malheureux chevalier, visionnaire, chimérique, ivre d'un idéa
que toujours démolissaient toutes les réalités
impitoyables. Mais nous savons aussi que, peu à
peu, il en eut pitié, lui, et le montra tel qu'il le
rêvait, bon, tendre, juste, épris des nobles
causes et s'y sacrifiant sans compter.

Ce n'était pas pour rien que Cervantes se glorifiait d'être le manchot de Lépante, d'avoir été
en esclavage chez les pirates barbaresques, d'a-

...ir connu la misère, la souffrance, les iniquités. ...âme qu'il avait conquise à vivre de la sorte, il ...dotait son héros, le fils de ses entrailles ; et, ...ous des dehors extravagants, il en faisait le ...int que vénérait Sancho.

Et tel, finalement, il s'est incarné chaque ...our davantage, aux regards de l'élite et de la ...ostérité, ce *don Quichotte* fol et falot, en qui ...ous voyons désormais, non plus ce fol et ce ...lot, chargeant sur des moulins à vent, mais le ...on chevalier du droit, le redresseur des torts, ...e vengeur des opprimés, le punisseur des mé-chants, l'affamé de justice, l'assoiffé d'idéal.

Que l'Espagne le veuille ou non, c'est celui-là, ...t le Cervantes qui l'a rêvé, c'est absolument ...ux et non pas d'autres, que l'Humanité a mis ...ans son Panthéon ! Et c'est eux, eux seuls, ...u'elle honorera et célébrera, l'Humanité, au ...roisième centenaire, quand on en pourra fixer ...e jour !

Hélas ! pourquoi faut-il que l'Espagne n'ait pas ...u le fixer elle-même, en gardant tout simple-ment celui que lui désignait l'histoire ? Elle n'a-vait qu'à relire le grand livre de son plus grand ...crivain, à le comprendre et à le sentir comme ...a postérité le comprend et le sent ! Elle n'avait ...u'à être d'accord avec l'élite du monde ! Elle n'avait qu'à se trouver du côté où seraient aujourd'hui le glorieux mutilé de Lépante et son héros le bon chevalier *don Quichotte !*

Ces deux généreux, ces deux âmes de martyrs et de saints, ces champions du droit, ces vengeurs de l'opprimé, ces affamés de justice, ces assoiffés d'idéal, seraient-ils donc avec les Barbares, les massacreurs, les incendiaires, les violeurs, les pirates ? Non, non, à coup sûr, n'est-ce pas ? Ni Cervantes ni *don Quichotte* ne seraient de ce côté-là.

Et ils ne seraient pas non plus du côté de ceux qui regardent faire ces malfaiteurs, et qui les encouragent au crime en les regardant ainsi, bras croisés, bouche muette, yeux secs, cœur en pierre-ponce. Non, non, ni Cervantes, ni *don Quichotte !* Rien qu'à l'idée d'être appelés de ce nom « *les neutres* », tous deux mourraient de honte.

Alors ?... Alors, sans aucun doute possible, ils seraient de notre côté, le plus grand écrivain de l'Espagne, et son héros immortel, son *don Quichotte !* Que dis-je, qu'ils y seraient ? Ils y sont. N'est-ce pas *don Quichotte* ressuscité, ce peuple français qui a pour Dulcinée la liberté du monde ?

Alors...? Alors, que l'Espagne ne se mette pas martel en tête pour fixer le jour, remis à plus

d, où sera fêté le troisième centenaire de
rvantes et de *don Quichotte*. Car ce n'est plus
ez elle, sans doute, qu'il conviendra de le
er, puisque ni *don Quichotte*, ni Cervantes, ni
ur mémoire, ni même leurs ombres, n'y pour-
ent figurer désormais, hélas !

« Qu'en penses-tu, voyons, ami Sancho ? Ré-
nds, toi, avec ton simple et brave bon sens,
avec ton amour profond pour ton maître ?
rouves-tu que j'aie tort ? »

Et Sancho m'a répondu, moitié figue, moitié
isin, mais en pleurant :

« Tort, vous ? Révérence gardée, m'est avis
ue non. »

———

23 février.

XXXVIII

Débrouillarde.

Le vocable *débrouilleur*, bien qu'employé assez
rement, avait cependant droit de cité dans
os meilleurs lexiques. Et il n'en était certes
as indigne, s'y étant introduit sous la caution
e deux écrivains qui ne sont pas tout à fait les
remiers venus.

L'un, en effet, n'est rien moins que le prop
père du Romantisme, le maréchal de Lettr
Chateaubriand. Quant à l'autre, c'est Scarron, d
xviie siècle, du Grand Siècle en personne. Excu
sez du peu !

Aussi le vocable *débrouilleur*, admis aux hon
neurs officiels, puisqu'il a sa place dans le dic
tionnaire de l'Académie, pouvait-il regarder de
haut son pauvre frère, l'humble dernier-né de la
famille, le mot presque argotique *débrouillard*.

Celui-ci néanmoins n'était pas sans aucun mé
rite. Et d'abord, il avait pour lui cet indiscutable
avantage, de signifier autre chose que son
orgueilleux aîné. La preuve, c'est la définition
qu'en donnent Littré, puis Hatzfeld et Darmes
teter :

DÉBROUILLARD, *s. m. Celui qui facilement se
débrouille, se tire d'embarras.*

Seulement, voilà ! Littré ne l'enregistrait que
dans son Supplément ; et lui, comme ses deux
successeurs, le stigmatisaient de la petite croix
signalant les néologismes, autant dire les mots
simplement tolérés, les mots encore douteux,
les mots du commun, quasi intrus, peu recom
mandables, en somme, bons pour la rue et non
pour le livre.

Il faudra pourtant bien que le livre s'en serve

désormais, et non seulement la prose, mais le vers lui-même, du pauvre mot injustement honni, laissé dans l'antichambre des lexiques, et si expressif, et dont nos héros ont fait un titre de gloire!

Car ce qui les caractérise le mieux, nos héros, n'est-ce donc pas, précisément et avant tout, d'être des *débrouillards*?

Ils n'étaient point préparés à la guerre nouvelle qu'on leur impose. Ni même, pour tout dire, à aucune espèce de guerre. On les avait tant soûlés de pacifisme, poussé jusqu'à l'anti-militarisme! Et, de ce premier embarras, si capital, si essentiel, comme ils se sont tirés tout de suite!

De Charleroi à la Marne, en un mois, ils ont appris la victoire. Les territoriaux, puis les Marie-Louise, puis les derniers Bleuets, sont devenus ensuite des *grognards*, en dix-huit mois. Ils ont fait là plus de campagnes que les anciens en des années. Ce que c'est que d'être des *débrouillards*!

Et leur élan de jadis, changé en longue patience! Et leur adaptation aux tranchées, aux grenades, à la mine, à la sape, aux combats aériens, à tous les imprévus, à tous les inconnus! Il ne suffisait plus d'y être brave, sans plus.

Il fallait s'y révéler malins, ingénieux, improvisateurs, ou, pour tout dire d'un seul mot, de l'unique mot à dire, *débrouillards*!

Et voilà bien pourquoi, sans l'ombre de chicane possible, sans la moindre fausse honte faisant la petite bouche devant sa mine argotique, le pauvre mot aujourd'hui glorieux entrera dans le dictionnaire de l'Académie, et par la grande porte, porte en Arc de Triomphe.

Mais ce n'est pas encore assez, me semble-t-il, qu'il y entre, lui, à titre de substantif masculin. On ne sera vraiment satisfait et la conscience en repos, que le jour où, à côté de lui, on y fera entrer, par la même porte triomphale, le substantif féminin qui s'impose : *débrouillarde*!

Si vous en doutez, si vous hésitez, c'est que vous n'avez jamais réfléchi à tous les miracles, dans tous les genres, qu'ont faits pendant cette guerre, et contre tant d'embarras suscités par elle, et pour s'en tirer, et en s'en tirant si bien, si joliment, si ingénieusement, si spirituellement, les mères, femmes, sœurs et filles de nos héros les *débrouillards*!

Et je ne parle pas ici, bien entendu, de leur héroïsme comme infirmières, de leurs soins aux blessés, aux malades, de leur tendresse à les choyer, à les consoler, à les honorer! Cela va

soi, qu'elles avaient toutes ces qualités fémi-
nes, et qu'elles n'avaient qu'à les laisser
eurir pour être ce qu'elles sont, des mères, des
mmes, des sœurs, des filles, poussant les
ertus de leur sexe jusqu'au sublime!

Mais il y a mieux encore. Ou, du moins, autre
hose, et d'absolument inattendu, et que voici!
Les hommes n'étant plus là pour subvenir aux
ures besognes qu'exigent la terre et le commerce, elles ont su, les braves femmes, s'y
employer virilement.

De nouveaux devoirs s'imposaient à elles.
Elles eurent l'orgueil mâle de les remplir. Il fallait que les choses n'eussent pas à souffrir de
l'absence des hommes. Les choses n'en ont pas
souffert. Rappelez-vous! Informez-vous! Allez
voir et allez admirer!

Il n'est pas unique, l'exemple de cette fillette,
devenue patronne à quatorze ans, et dont la bou-
langerie a fourni du pain à tout un pays. On les
compte par cent et par mille, les arpents qui ont
été moissonnés, labourés, par des fermières sans
gars de ferme. Il y en a dans toutes nos pro-
vinces, des maisons de négoce ou d'industrie
dont les chefs actifs et habiles ont un jupon
pour culotte.

Ah! c'est qu'elles le savent, sans que jamais

on le leur ait appris, nos femmes, elles savent le grand secret de Sully, disant que le commerce et l'agriculture sont les deux mamelles de la France. Et comment ne l'auraient-elles pas deviné, ce secret, puisqu'elles l'ont au fond du cœur, puisque leur cœur de femme est destiné à s'épanouir en cœur de mère et de nourrice?

Le plus terrible de tous les embarras, celui d'être cette mère et cette nourrice, comme elles s'en tirent facilement, dans la vie ordinaire! Et comment ne se seraient-elles pas tirées avec autant d'adresse et de bonheur, nos femmes, de celui-ci, tout nouveau, qui surgissait devant elles?

Ainsi ont-elles fait, les femmes de France, et bellement, et gaillardement, et non moins glorieusement, à leur manière, que nos héros les *débrouillards*. Pourquoi? Parce que, si le Français est *débrouillard*, c'est qu'il a de qui tenir, parbleu, puisque sa mère la Française est, par excellence, la....

« La *débrouillarde*, quoi!

— Je ne vous le fais pas dire! Et vous voyez bien que les deux mots ont le droit d'entrer dans le dictionnaire, par la même porte en Arc de Triomphe! »

————

8 mars.

XXXIX

L'âpre vérité.

L'heure est-elle donc venue, enfin, l'heure fatidique, l'heure où le monde va entendre la vérité, cette vérité que la grande voix de Danton appelait si terriblement l'*âpre vérité*?

Il semble bien que oui, et qu'elle est désormais toute prochaine, l'heure si longtemps attendue. Ce n'est plus dans l'illusion d'un optimisme tenace jusqu'à l'hallucination, c'est en réalité qu'on la sent venir, l'heure, et qu'on perçoit déjà la vibration du ressort prêt à en déclencher la sonnerie.

Quelle que doive être l'issue *momentanée* de la canonnade monstrueuse et des frénétiques assauts qui se ruent sur Verdun, rien ne peut à présent empêcher l'heure fatidique de venir. Son frisson avant-coureur est dans l'air. Il a pris l'essor. Il se propage à travers le monde. Et voici que le monde se prépare à entendre la vérité, l'*âpre vérité*.

En vain la fureur teutonique a tenté d'assourdir le monde par tous les tonnerres de son

artillerie. En vain elle lui a bouché les oreilles
avec le coton de ses victoires mensongères. Malgré les grosses Bertha et l'agence Wolff, aucun
tympan n'a été crevé, aucun conduit auditif n'a
été obturé. Même les pires sourds, ceux qui ne
voulaient pas entendre, aujourd'hui le veulent.

Et non seulement les indifférents, les planeurs
au-dessus de la mêlée, les neutres par peur ou par
intérêt, mais aussi les Allemands eux-mêmes,
vont enfin l'entendre, la vérité, l'*âpre vérité*!

Où en est exactement la force allemande? Où
en est la nôtre? Où en est celle de nos alliés?
Quelle est l'idée de derrière la tête qui a pré-
sidé à ce soubresaut suprême contre une de nos
portes, contre la plus éloignée de Paris, contre
la plus dure à forcer? Dans quels intérêts dynas-
tique, financier, ou de *bluff* parant à quelque
péril interne ou externe, pour quel plan mystérieux a-t-on risqué de telles hécatombes où
chaque kilomètre coûte des milliers d'hommes?
Voilà ce que le monde a soif de connaître.

Et cette soif, il ne l'étanchera plus qu'en
entendant enfin la vérité, l'*âpre vérité*. Et puisqu'il veut maintenant l'entendre, il faudra bien
qu'on se décide à la lui dire.

C'est commencé déjà.

Lisez plutôt, tout d'abord, les feuilles impartales qui ont eu le courage de leur impartialité chez les Neutres demeurés honorables. Elles en deviennent partiales, à notre avantage, sous la dictée de la raison.

Lisez aussi, fût-ce entre les lignes, celles dont la neutralité n'était qu'un masque cachant un sourire à nos ennemis. Le masque tombe, le sourire reste; mais le sourire, c'est à nous qu'il s'adresse.

Lisez enfin les journaux allemands eux-mêmes, et je parle des plus enragés, des plus déments en pangermanisme, de ceux qui ont crié au triomphe définitif sur la fausse nouvelle de Douaumont occupé par les héros brandebourgeois. A notre héroïsme aussi, tout en grinçant des dents, ils font la bouche en cul-de-poule.

Mais que peuvent bien penser leurs lecteurs, à ceux-là? Et leurs lectrices, là-bas, celles qui font des émeutes à Dusseldorf, à Hambourg, un peu partout, en réclamant du pain, leurs maris, leurs enfants et la paix?

Et le monde entier, que pense-t-il, que dit-il, après cette bataille de dix-huit jours, couronnant une guerre de dix-huit mois par une si formidable résistance, où le soldat français arrache à tous les peuples l'aveu qu'il est le premier soldat du monde?

N'est-elle donc pas venue, dites, l'heure fatidique, l'heure de la vérité, de l'*âpre vérité*?

Que si vous en doutez encore, c'est que vous êtes *au-dessus de la mêlée*, au point d'être dans la lune, c'est que vous ne lisez aucun journal en aucune langue. Sans quoi, vous auriez au moins jeté les yeux sur l'article de lord Northcliffe narrant et commentant la bataille de Verdun, et câblé il y a trois jours aux quatre points cardinaux, et publié dans tous les idiomes, *afin que nul n'en ignore*.

Ah! l'admirable projecteur illuminant tous les recoins du monde, et desséchant sous ses fulgurations les mares de ténèbres qu'a fait stagner partout la pluie de mensonges des propagandes germaniques! Qu'en reste-t-il, désormais, de ces mares? Évaporées! Le phare tournant de l'Angleterre en a fait de la cendre que soufflète le vent de la vérité, de l'*âpre vérité*.

Apre pour eux, pour leurs complices, pour leurs amis, déclarés ou hypocrites! Mais non pas âpre pour nous, pour nos alliés, pour le monde, dont nos fils sont les soldats en étant ceux de la France!

Car la vérité, celle que tous veulent entendre, celle qu'ils vont entendre tous, puisque son heure est venue, la voilà! Et les oreilles des

raves gens, des civilisés, des hommes réellement humains, en seront fleuries quand en sonnera l'heure, et commencent à s'en réjouir déjà
comme d'une musique céleste.

Mais leurs oreilles à eux, les sauvages, les
Barbares, les kulturiens, les esclaves du Bonnot
impérial voulant réduire le monde en esclavage,
elles en auront le tympan qui éclatera, pétant de
sang, laissant s'évader ce qui reste de cerveau
dans ces crânes de brutes.

Et ainsi s'accomplira la prophétie de leur
enfant terrible, Maximilien Harden, qui a écrit :

« Ce qui tuera l'Allemagne, c'est la vérité! »
Merci, âpre vérité, douce pour nous !

---

15 mars.

XL

Sous le couperet.

C'est un journal neutre, le *New-York Globe*,
comparant les communiqués allemands et les
nôtres relatifs au fort de Vaux, qui tirait de
cette comparaison, il y a quatre jours, le pronostic que voici :

« On a toujours pensé qu'un signe certain de

la chute prochaine de l'Allemagne serait donné
au moment où son gouvernement commencerai
délibérément à mentir. Or, il a déjà commencé
au sujet de Douaumont, lorsqu'il annonça la
nouvelle aux Berlinois, de façon à les faire
pavoiser. Si l'exactitude des nouvelles françaises se confirme, cela sera hautement signi-
ficatif. »

Merci, cher *New-York Globe!* Et puisse votre
sage et circonspect président prendre bonne
note (une de plus ne le gênera pas) de cette
si réconfortante remarque! La parfaite exactitude, confirmée, de nos nouvelles, à nous, finira
peut-être par être significative, même pour
lui.

Permettez-moi cependant de vous faire observer, ingénieux et perspicace confrère, que le
gouvernement de l'Allemagne a commencé à
mentir, et délibérément, depuis bien longtemps
déjà. Disons mieux et disons tout! En somme, il
n'a jamais fait autre chose. Et, s'il fallait vous
en croire à la lettre, voilà presque dix-neuf mois
que la chute de l'Allemagne serait, d'après votre
signe certain, une chute prochaine.

N'a-t-il pas, en effet, menti de propos délibéré,
son gouvernement, au lendemain même de notre
victoire sur la Marne? N'a-t-il pas alors, et dans

les communiqués officiels, représenté sa défaite incontestable comme un simple déplacement *voulu* de son aile droite, repliée sur son aile gauche ?

C'est alors, cher ami, qu'il fallait faire votre pronostic. Pourquoi l'avez-vous donc retardé de dix-neuf mois ? Nous ne vous en remercions pas moins de vous en aviser, et de nous en aviser en même temps. Mais comme il nous eût été plus doux alors !

Aujourd'hui, nous autres, ce n'est plus du mensonge allemand, usé jusqu'à la corde, éventé pour les pires neutres eux-mêmes, que nous tirons notre réconfort. Nous préférons le tirer, comme nous avons toujours fait, des quelques cris d'aveu sincère que la vérité arrache à l'Allemagne. Et nous nous en trouvons toujours bien, veuillez nous en croire, trop bien pour changer de *criterium*.

Le premier de ces cris fut arraché le 4 août 1914, au chancelier de Bethmann-Hollweg, en pleine séance du Reichstag, quand il lâcha la phrase monstrueuse, applaudie (selon le compte rendu lui-même, sténographique) par la Chambre entière de l'Allemagne :

« Oui, la violation de la Belgique est contraire au droit des nations ; mais lorsqu'il s'agit de combattre pour ce que l'on a de plus sacré, on ne doit songer qu'à une seule chose, c'est à s'en tirer comme on peut. »

Et, depuis lors, chaque aveu pareil nous confirma dans la justice de notre cause et dans notre certitude de la victoire. Et, ces aveux-là, on ne les compte plus, ces aveux de leur brutalité, de leur inhumanité, de leur foi dans la force seule, de leur espérance en notre complet anéantissement. C'est ce qui nous a convaincus que notre devoir était de vouloir le leur.

Je ne les ressasserai point, ces aveux, que nos enfants et nos petits-enfants apprendront par cœur. Les rodomontades du Kaiser, les cyniques théories d'un Disfurth, se glorifiant d'être un Barbare avéré, les acquiescements agenouillés des Intellectuels et des Social-Démocrates (sauf un), les plans de conquête mondiale, d'Europe en esclavage, de *Kultur* triomphante, tous ces cris d'orgueil dément, et de cruauté méthodique, et de terrorisme organisé, nous en avons tenu le registre, et alimenté notre haine implacable, et nourri notre foi dans la vengeance et la justice promises par nos héros aux victimes de l'inexpiable guerre.

Aux heures noires où les neutres pouvaient en douter, où quelques rares pessimistes chez nous

mblaient prêts à en être moins certains, nous
ous répétions les cris arrachés à l'enfant ter-
ible de l'Allemagne, à Maximilien Harden, à
lui qui, dans la bande, *mange le morceau* de
mps en temps :

« De quel côté est le droit ? glapissait-il au
ukunft. Demandez au chêne qui lui a donné le
roit d'élever sa cime plus haut que le pin, le
ouleau et le palmier ! »

Et nous gardions le sourire en pensant que
ous étions le pin, le bouleau et le palmier, tan-
is que ces patauds de la Sprée se croyaient le
hêne. Et nos Intellectuels, autrement déliés
ue les leurs, se disaient *in petto* :

« Attends un peu, corbeau de mauvais au-
gure, et nous verrons le bec que tu ouvriras
quand nous te ferons avaler l'adage latin du
atere legem quam ipse fecisti, t'obligeant à souf-
rir la loi que tu as dictée toi-même. »

Et nous jubilions, bien loin de trembler,
quand ce tranche-montagne clamait, porte-voix
de son maître :

« Non, ce n'est pas contre notre volonté que
nous nous sommes jetés dans la gigantesque
venture d'une telle guerre ; nous l'avions voulue, nous devions la vouloir. L'Allemagne en
vait besoin. »

Juge maintenant de notre joie, de notre espoir, de notre certitude, ô cher et perspicace *New-York Globe*, lorsque nous apprenons le dernier aveu, le cri suprême arraché par la vérité des choses au Kaiser en personne !

Aux 200 000 Allemands qu'il vient de perdre devant Verdun, aux familles de ces sacrifiés inutiles, il crie éperdument aujourd'hui :

« Je jure que je n'ai pas voulu cette guerre ! »

Ce n'est plus Bonnot faisant la roue devant ses crimes. C'est Avinain, le cou dans la lunette de la guillotine, et qui râle :

« N'avouez jamais ! »

Le voilà, l'heureux pronostic ! Ce cri-là, c'est le signe que le couperet va tomber.

22 mars.

XLI

Balles d'argent.

On sait quelle est l'inépuisable et miraculeuse fécondité des imbéciles, quand ils se sont mis en tête qu'ils ont du génie, et quand ils s'obstinent à en administrer les preuves. Le vrai génie en est alors, lui-même, parfois étonné,

nt leurs inventions, à eux, sont irrésistiblement absurdes.

C'est ce qui, à plusieurs reprises depuis
ngt mois, est arrivé au génie français, devant
le *bluff* allemand.

Le peuple allemand étant, sans conteste pos-
ible, le plus bête de tous les peuples, n'a pas
manqué d'atteindre, dans le genre de fécondité
usdite, le comble du saugrenu. Il y a, presque
autant qu'en sauvagerie, dépasssé maintes fois
toutes les prévisions.

On le croyait du moins ! On se trompait. Il est
encore plus bête que ça. Il est plus bête que tout.
Il enfonce le Catoblepas en personne. Vous savez
bien ! Le Catoblepas, parangon de la stupidité,
celui qui se broutait les pattes sans même s'en
apercevoir.

Voilà maintenant que son gouvernement, à ce
peuple, lui fait avaler des choses, brouter des
nouvelles, digérer des avis, savourer des commentaires politiques, militaires et financiers
devant quoi renâcle l'Agence Wolff. Ce n'est plus
elle, en effet, qui lui donne désormais la becquée
des mensonges les plus invraisemblables. C'est
bel et bien l'État-major qui s'en charge, avec
la cuiller des communiqués officiels.

Il prend le fort de Douaumont, puis celui de

Vaux, puis le Mort-Homme, sans les avoir pris. Quand il est forcé d'avouer qu'il ne les tient pas, tout de même, puisque l'Europe entière sait qu'il a menti, il s'en tire en accusant qui, quoi ? Les cartes de notre Etat-major à nous. Voyez-vous ça, les coquines ! Elles portent, paraît-t-il, des chiffres gravés où il ne faut pas, exprès pour que ce pauvre Etat-major allemand soit victime de l'erreur et se trompe de cote.

Et le Catoblepas ingurgite tout cela tranquillement, béatement. Mais que diable n'ingurgerait-il pas, l'idiot ? Il ingurgite même ceci : à savoir que, pour nous aussi, et pour les neutres avec nous et lui, et pour le monde entier, enfin, cette ingurgitation s'impose.

Pareillement, au malheureux brouteur de ses propres pattes, on lui fourre dans la gueule la pâtée de l'emprunt, pour lui faire, en échange, vomir son argent, s'il lui en reste. De quels mensonges fétides on la lui empoisonne, cette pâtée à l'émétique, comment s'en douterait-il, l'épaisse brute ? Il s'en repaît, comme de ses pattes, sans même s'en apercevoir.

Soit ! Grand bien lui fasse ! Mais pourquoi nous fait-il l'injure, et son gouvernement avec lui, de croire que personne, chez nous, ni chez les neutres, ne s'en aperçoit pas non plus ?

Car c'est pour nous, aussi bien et plus encore que pour lui, c'est pour nous et pour les neutres, et pour le monde entier, qu'elle est lancée la proclamation officielle invitant l'Allemagne à souscrire ! En cela comme en tout le reste, son gouvernement s'imagine avoir du génie et nous en administrer les preuves, l'imbécile !

Et alors, il veut, une fois de plus, nous étonner par sa cocassité inouïe, n'est-ce pas ? Mais c'est fini. Le génie français est au bout de ses étonnements devant le *bluff* germanique. Il n'a même plus envie d'en sourire. Il hausse les épaules.

En vain l'appel à la bourse vide du Catoblepas, pour qu'elle trouve quand même quelque chose au fond de ce vide, se fait tentateur et même lyrique. Personne au monde (sauf le Catoblepas, et encore !) ne s'y laisse plus prendre.

« L'Allemagne entière, dit le manifeste, rassemble silencieusement ses forces pour frapper un coup colossal qui frappera comme la foudre. Et quiconque donnera tout ce qu'il peut, contribue à amener la victoire et *la paix*. »

Après quoi, redoublant de lyrisme, le génie teuton s'écrie :

« En avant donc, balles d'argent ! »

Et cette fois, il doit être pleinement convaincu,

l'imbécile qui se croit du génie, qu'il vient
nous en administrer la preuve suprême ! Quel
orgueil doit être le sien, à celui qui a trouvé ce
fameux cri :

« En avant donc, *balles d'argent* ! »

Va donc, eh ! financier pindarique ! Nous avons
bougrement mieux dans notre répertoire, nous,
chez qui un simple poilu a improvisé le sublime :

« Debout, les morts ! »

Et tes *balles d'argent* ne feront, dans le monde
entier, et surtout parmi les neutres, pas plus
d'effet que n'en ont produit finalement les innombrables et inutiles *bombes à l'encre* de ta fourbe et
hypocrite propagande, gouvernement de mensonge, de déloyauté, de sale corruption, gouvernement qui sers de cerveau à ce peuple, dernière
incarnation du Catoblepas !

Aux *bombes à l'encre* voici comment le monde
répond aujourdhui ! Par la vérité, par la réalité,
rien de plus, et cela suffit.

La vérité, la réalité, c'est la bataille de Verdun, où la France tient l'Allemagne en échec
depuis trente jours, où trois cent mille Allemands
bientôt seront couchés par terre devant cette
nouvelle Pucelle qui devait être forcée en deux
semaines.

La vérité, la réalité, c'est la Russie envahissant l'Asie Mineure et immobilisant là-bas l'Ottoman et le Bulgare, en attendant l'heure où, avec les Roumains, les Italiens, les Serbes et l'armée de Salonique, elle marchera sur Vienne éperdue de panique.

La vérité, la réalité, c'est l'Angleterre préparant pour demain, avec ses alliés, la ruine économique de l'Allemagne ; c'est le premier ministre d'Australie, sous la présidence de M. Balfour, prononçant au City Carlton Club ces paroles fatidiques :

« La déclaration de guerre économique et commerciale à l'Allemagne, dès maintenant, lui serait un coup porté droit au cœur. »

Les voilà, les vraies *balles d'argent*, non pas en image de rhétorique, celles-ci, mais en belles et bonnes balles métalliques, réelles, agissantes, en lingots plus lourds que des lingots de plomb, et avec lesquels le Catoblepas et son gouvernement seront, comme leurs crimes le méritent, implacablement et justement fusillés.

Oui, en avant donc, les *balles d'argent*! En avant !

XLII

Pour la culture.

Il ne s'agit pas ici, fût-ce pour s'en gausser, de celle que les derniers Sauvages européens, dans leur stupide orgueil de parvenus scientifiques, se plaisent à écrire avec un K majuscule et ridicule.

Celle-là, dont ils ont époustouflé le monde chaque jour davantage depuis cinquante ans, le monde la prend de moins en moins au sérieux depuis vingt mois. Voici notamment quatre semaines qu'il apprend ce qu'en vaut l'aune, cette aune façonnée en trique pour nous casser les reins, et qui se casse elle-même contre les baïonnettes de nos poilus devant Verdun.

Laissons-la donc tranquille aujourd'hui, cette Kulture avec un K, dont la gloire prétendue et prétentieuse s'éteindra d'elle-même, au souffle des huées poussées par les Neutres les plus germanophiles, lorsqu'ils seront enfin convaincus de son faux éclat, et crèveront la vessie qu'ils avaient prise pour une lanterne.

Ils seront les premiers, alors, à revenir vers

culture française, seule fille des humanités,
seule digne de l'humanité. Nous leur pardon-
nerons d'avoir hésité si longtemps à le reconnaître ; et nous reprendrons tous ensemble le
pèlerinage sur la route du bien et du beau, de la
justice et de la tendresse, où le monde, veut,
doit et peut marcher, le monde enfin sans Sauvages.

Mais ce n'est pas non plus de cette culture-là
que j'avais à parler ici aujourd'hui. Ni si loin ni
si haut, je ne désirais aller. La culture à quoi je
pensais en commençant ces lignes c'était tout
bonnement, sans plus, la simple culture de la
terre, de notre brave, et chère, et jolie terre, qui
est la terre de *doulce* France.

Oh ! je n'y suis guère compétent, je le sais
bien, et je l'avoue à ma honte. Et cependant je
devrais l'être, au moins un peu, ne serait-ce que
par atavisme, petit-fils que je suis d'un cultiva-
teur tiérachien et fils d'une paysanne beauce-
ronne, et descendant d'une lignée qui compte
deux siècles de *pile-la-terre*.

Et voilà quelques ans que j'y retourne avec
joie, avec amour, à ce vieux sol. Dans le coin
de Hurepoix où je passe désormais la moitié de
ma vie en toutes saisons, parmi les gens de la
glèbe qui me font l'honneur d'être mes amis, j'ai

retrouvé tous les souvenirs des aïeux pareils à
ces braves gens, et j'ai senti reverdir en moi tous
les germes qu'y ont semés ces souvenirs. Elle
est si puissante, elle fleure si bon, la terre de
chez nous, la glèbe de *doulce* France !

Mais quoi ! Si je n'ai pas l'autorité qu'il faut
pour parler d'elle comme il faudrait, au moins
ai-je le droit, et aussi le devoir, de propager les
belles choses qu'en disent ceux qui ont qualité
pour les dire. Et c'est cela, tout juste, que j'avais
dessein de faire ici, et que je vais donc faire,
tout à trac.

Il paraît qu'on veut *taxer* désormais la production agricole. Je répète le propos, sans même
essayer de m'en rendre un compte exact. Je ne
cherche pas davantage à le commenter, à en dé-
velopper le pour et le contre, les tenants et les
aboutissants. Je ne veux retenir du propos
qu'une chose : c'est que le paysan est hostile à
cette mesure de taxation.

Mais ce que je retiens plus *mordicus* encore
et répète et voudrais répéter sans fin dans un
porte-voix retentissant, c'est ce qu'en pense et
en dit un homme qui est, lui, compétent en la
matière, et qui a voix au chapitre pour affirmer
son opinion.

Cet homme est mon confrère à l'Institut (si je

me trompe), ou bien il mérite joliment de
tre (au cas où je me tromperais); car l'agro-
mie tient sa place à l'Académie des Sciences
rales et politiques. Cet homme est **M. Daniel**
lla, professeur de Grignon.

Il trouve, lui, que le paysan n'a point tort
tre hostile à la mesure projetée. Il estime que
tat ne connaît pas, ou connaît mal, le *pro-
ème délicat de l'alimentation.* Il admire l'effort
rveilleux de l'agriculture française depuis
ux ans surtout, comme elle a su continuer,
algré la guerre, sa guerre contre le sol, dont
s travailleurs étaient absents. Il demande s'il
t équitable de mal récompenser un tel effort,
n le privant de son gain doublement légitime. Il
ous conjure de nous résigner plutôt, nous tous,
restreindre les exigences de notre bien-être.

Et il ne dit pas tout encore, me semble-t-il.
u'il me permette d'ajouter à ses arguments cet
rgument, le plus fort de tous, peut-être en faveur
u paysan : à savoir que le principal, l'essentiel,
fond même de notre armée nationale, c'est le
aysan qui le fournit.

Et alors, de quel front osez-vous dire, à ce
roducteur de héros, que vous limiterez sa pro-
uction de grains? Quoi! Il ne marchande pas
u pays son sang généreux, lui! Et vous lui mar-

chanderiez le bénéfice du labeur qu'il s'impos
qu'il impose aux vieux, aux femmes, aux petit
pendant que les gars se font tuer ou mutiler pou
le pays?

Car, si j'ai compris à peu près de quoi il re
tourne, voilà ce que c'est que la *taxation* agri
cole, n'est-ce pas? Au cas où j'aurais compris
de travers, il me resterait du moins la consola
tion d'avoir compris ainsi avec les paysans eux-
mêmes, et avec M. Daniel Zolla en personne.

Mais non, hein? Ni leur saine jugeote, à eux,
ni la haute compétence du professeur à Grignon,
ne se sont trompées. C'est bien eux, et lui, et moi
aussi à leur suite, c'est l'âme paysanne qui a
raison.

Et l'agriculture, cette mamelle de la France,
comme disait le bon Sully, parle par notre bouche
(si j'ose risquer cette image hardie), quand elle
conclut en ces belles et nobles paroles du professeur :

« Reconnaissons avec sincérité et célébrons
avec gratitude le mérite exceptionnel de ceux
qui peinent et luttent pour conserver à notre
terre son admirable productivité. La confiance
en nos agriculteurs n'est à leur égard qu'une
des formes de la justice. »

12 avril.

XLIII

« Bénie soit la main qui m'étrenne! »

Ainsi marmonne avec reconnaissance le pauvre vieil aveugle à croppetons sous le porche d'une église, quand il entend tintinnabuler dans sa sébile son premier sou de la journée.

Ainsi gazouille avec un sourire la petite bouquetière, quand elle échange contre une pincée de billon la pincée de violettes dont le départ creuse un premier trou dans sa corbeille pleine.

Eh! bien, voyez si je suis d'une humeur conciliante! C'est par la même phrase, et sans la moindre intention ironique, mais avec reconnaissance et un sourire moi aussi, que je veux aujourd'hui répondre au geste dont m'a gratifié mercredi dernier la Censure.

Depuis tantôt vingt mois et une semaine que j'ai repris ma plume de journaliste, elle m'a valu, ce jour-là, pour la première fois, un coup de ciseau. Et quel coup! Magistral, on peut le dire. Suppression d'un article tout entier, y compris le titre. Excusez du peu! Ah! mes enfants!

15

Ce qui n'empêche pas que je persiste à répondre, et de plus en plus après huit jours de
réflexion, et avec une reconnaissance encore
accrue par cette réflexion, et avec un sourire
dont mon cœur lui-même s'illumine :

« Bénie soit la main qui m'étrenne ! »

Et voici pourquoi, en toute et absolue sincérité : c'est que j'avais à dire, touchant la Censure,
des choses que j'étais obligé de garder dans
mon for intérieur, tant que cette Censure me
laissait personnellement tranquille, cependant
qu'elle tracassait tels de mes confrères.

A exprimer ces choses, qui lui sont plutôt
favorables, je risquais d'entendre les susdits
confrères me répliquer, non sans quelque
apparence de raison :

« Parbleu ! Vous en parlez bien à votre aise,
vous qui ne comptez point parmi ses victimes.
Attendez un peu que ses ciseaux aient mouché
votre chandelle, et nous verrons si vous trouvez
ça de votre goût. »

Or, cette fois, ça y est. Et rudement, n'est-ce
pas ? Ma chandelle a été mouchée, et *rasibus*,
jusqu'à extinction totale. J'ai donc le droit de
parler maintenant. Et je vais le faire, brave-
ment, tranquille comme Baptiste.

Avant tout, je déclare faire l'honneur à tous

es confrères d'estimer qu'ils ont toujours écrit
qu'ils croyaient avoir, non seulement le droit,
ais le devoir, d'écrire. Je n'en soupçonne au-
un de la moindre mauvaise foi, de la moindre
rrière-pensée dictée par quelque bas intérêt politique, par quelque animosité personnelle, par
des rancunes qui seraient abominables en ce
temps où l'unique haine possible est celle contre
l'Allemand.

Voilà qui est bien entendu, n'est-ce pas ? J'ad-
mets chez tous la sincérité de leurs critiques.
Celles que j'exposais l'autre jour, et que l'on m'a
coupées, étaient sincères aussi, ni plus ni moins
que les leurs. Là-dessus, pas l'ombre d'un
doute.

Je vais plus loin. Ces critiques ne se conten-
taient pas d'être sincères toujours. Elles étaient
parfois, en outre, peut-être, je veux bien le
croire, justes.

Les miennes pareillement me semblaient telles,
parbleu ! J'avouerai sans peur qu'elles me semblent telles encore. Sinon, pourquoi les aurais-
je faites ? Et ainsi avez-vous fait les vôtres, j'en
suis convaincu et je le proclame. Vous le voyez,
chers confrères, doublement mes confrères puisque je suis victime comme vous le fûtes, vous le
voyez, je nous mets tous dans le même sac.

Attention, maintenant ! J'arrive aux choses que j'avais à dire touchant la Censure, et que je n'osais pas dire, et que j'ose dire désormais.

De ce que nos critiques, récriminations, objurgations, mises en demeure, étaient sincères, et même justes, de ce que nous les estimions telles, de ce que nous pensions avoir droit à les exprimer, et remplir un devoir en exerçant ce droit, y a-t-il nécessité logique qui s'en suive et puisse conclure à exercer ce droit envers et contre tout, même contre la patrie en danger ?

Voilà ce qu'il faudrait admettre, en fin de compte, pour trancher en notre faveur le nœud gordien dont certains d'entre nous se plaignent qu'on les étrangle, jusqu'à parfois les étouffer ?

Or, une pareille conclusion, que celui-là qui a l'affreux courage de l'admettre, ose donc lever la main !

J'entends bien que d'aucuns se récrient, et regimbent contre cette espèce de dictature morale, seule juge, et sans appel, du danger que peut courir la patrie par notre faute, dans telle ou telle occurrence. Y voit-elle donc plus clair que chacun de nous, cette dictature ? A-t-elle quelque *criterium* plus certain que les nôtres pour décider s'il est opportun de dire ceci ou de faire cela ? Et d'abord, qui lui a confié cette

lance, dont le fléau sert à nous battre comme
menue paille quand il lui plaît? De qui tient-elle
une si exorbitante autorité? Est-ce nous qui lui
en avons fait délégation?

Nous, les journalistes, non, à coup sûr! Mais
oui bien, ceux qui tiennent la barre du vaisseau
battu par la tempête et roulant sur les flots
en furie. Et ceux-là, quels qu'ils soient, vous
savez de reste qui les a élus, qui les a mis à ce
poste, par quels ressorts de nos institutions ils
y furent poussés, et que finalement....

Tenez! Avez-vous, une fois dans votre vie,
navigué sous la menace d'un naufrage possible?
Si oui, à quoi bon vous en dire davantage? Vous
avez appris, ce jour-là, qu'il y a des minutes où
les plus bavards connaissent le prix du silence.

Sommes-nous de temps à autre, depuis vingt
mois, dans une de ces minutes tragiques? On en
a eu parfois la sensation.

Les gens qui sont sur la dunette, et à la
barre, et aux manœuvres, sont-ils des forbans
montés à bord, de force ou par trahison, et faisant de nous une cargaison d'esclaves? On n'en
a jamais eu la plus vague idée.

Alors? Alors, quand ils me font dire de me
taire, je fais comme le soldat de monsieur Scribe,
qui sait souffrir et se taire sans murmurer.

Et voilà pourquoi, en somme, à la Censure, et même à son coup de ciseau, dussé-je en saigner un peu, je réponds avec le sourire :

« Bénie soit la main qui m'étrenne ! »

19 avril.

XLIV

Incommensurable.

Par quelle mystérieuse association d'idées la note suprême du président Wilson à l'Allemagne a-t-elle fait surgir devant mon esprit le vocable dont j'intitule ces lignes?

C'est ce que l'on comprendra sans peine, j'espère, quand j'aurai tout d'abord rempli publiquement mon devoir d'académicien envers ce malheureux et intéressant adjectif, qui n'a vraiment pas de chance !

Certes, il n'a guère belle figure, le pauvret. Il est trop long. Il est trop lourd. Ses quinze lettres l'écrasent, lui donnent un air important. Mais, là-contre, je ne peux rien faire, hélas! Tel il se présente, tel il restera.

D'autant mieux, en somme, que c'est un mot fort bien constitué, disant de façon très exacte

...ut ce qu'il veut et doit dire. Et voilà, pour un
...ot, me semble-t-il, des qualités essentielles.

Oui ; mais à condition qu'il soit employé dans
...on sens propre. Auquel cas sa figure même est
...cceptable, congruente à sa fonction, et donc
...elle dans son genre, de ce beau spécial que
Platon appelle la splendeur du vrai.

Or, à l'exception des géomètres, personne ou
...resque personne, voire parmi les écrivains de
...rofession, n'emploie dans son sens propre cet
...infortuné adjectif, qui n'en peut mais. Songez
que des poètes, oui, des poètes en personne, des
gens de ma partie, sont allés, dans leur aberration, jusqu'à le prendre pour synonyme lyrique
de *grand, énorme, prodigieux, colossal*, etc...!

Que dis-je? Il existe des dictionnaires, d'honnêtes dictionnaires faisant autorité, qui l'enre-
gistrent doctoralement sous cette acception barbare.

Oui bien, barbare! Car, dans le langage de la
géométrie, le seul où il ait droit de cité, certi-
ficat d'origine, et sa signification précise, le
susdit adjectif s'applique, et uniquement, à
qualifier deux grandeurs qui n'ont point de commune mesure.

Exemple : *la circonférence du cercle et son diamètre sont incommensurables.*

Mais, pensez-vous sans doute, à quoi bo
tant de pédantisme inutile, surtout en c
heures où l'on n'y a guère la tête ni le cœur
Et comme nous voilà loin du président Wilso
et de sa suprême note à l'Allemagne !

Eh bien, pas du tout ! Nous y sommes, et en
plein ! Et vous allez voir maintenant par quelle
association d'idées le vocable pris dans son vrai
sens s'accole à la note suprême, et à toutes les
notes passées, présentes, et peut-être encore
futures, du président Wilson, et avec quelle
logique impérieuse !

Tous ses atermoiements, et ceux aussi de
bien d'autres, à quoi tant de gens ne compren-
nent rien, même chez ces autres, et même chez
lui, et plus particulièrement chez nous, tout
cela vient de n'avoir pas proclamé, en employant
le mot dans son vrai sens, cette vérité aussi évi-
dente que celle touchant les relations de la cir-
conférence d'un cercle avec son diamètre :

Les Allemands et le reste du monde sont incom-
mensurables.

Y a-t-il, en effet, une commune mesure pos-
sible, et même imaginable, entre les Allemands
et le reste du monde ? Non.

Notre mesure, à nous, à nos Alliés, aux peu-
ples qui nous regardent combattre pour la liberté

tous les peuples en même temps que pour la
nôtre, cette mesure commune à tous les humains
en état de civilisation, c'est celle du droit des
gens, de la justice, de la fidélité à la foi jurée,
du respect dû aux femmes, aux enfants, à quiconque est sans armes.

Et leur mesure à eux, leur unique mesure,
c'est celle de la Force, mettant en œuvre tous
les moyens, et jusqu'à la Science, pour assurer
le triomphe de cette Force.

Aucune équation n'est capable de faire trouver le chiffre par quoi pourraient communier ces
deux choses. L'une est irréductible à l'autre. De
toute éternité et à travers tout l'infini, elles
demeurent incommensurables.

Telle est la vérité absolue, selon le verbe de
la géométrie. Et telle aussi doit-elle prendre sa
formule définitive, selon le verbe de la Réalité.

Conclusion? Une fois le président Wilson bien
convaincu, et avec lui tout le reste du monde,
que raisonner est peine perdue contre des Brutes
sans raison, le bon juriste renoncera de lui-
même aux vains arguments juridiques pour rentrer dans la Réalité qui sera aussi la Géométrie.

Et sa note *suprême*, peut-être pas encore
celle-ci, mais la prochaine, et celle que rédigera,
en même temps, tout le reste du monde, ce

sera, réduisant l'Allemagne à *quia*, l'implacable
adage latin :

« *Patere legem quam ipse fecisti*. Souffre la loi
que toi-même tu as faite. »

Ce jour-là, nous autres qui combattons, nous
n'abdiquerons point notre volonté de combattre
toujours loyalement contre un ennemi déloyal,
et d'être les champions du droit jusque dans
notre victoire sur les violateurs de tous les droits.

Mais les assistants à la grande lutte, ceux qui
nous aurons laissés seuls devant elle et ses
risques, lorsqu'ils se constitueront en juges du
camp pour en constater les résultats, ne seront
pas tenus à nos scrupules. Ils agiront en réalistes, eux, pour être compris des réalistes for-
cenés qui voulaient asservir le monde. Ils s'ar-
rangeront de façon à ce que le monde ne puisse
plus jamais courir un aussi abominable péril,
dont notre idéalisme seul l'aura sauvé.

Logiques dans leur rôle suprême d'arbitres
devenus justiciers, et de justiciers obligés à
devenir bourreaux, ils la trouveront enfin, eux,
la commune mesure par quoi les Allemands et
le reste du monde cesseront d'être incommensurables.

Ils la trouveront dans l'application du terrorisme allemand aux Allemands, puisqu'à cela,

niquement à cela, les Allemands sont acces-
ibles.

Et je ne serais nullement étonné si, même
avant notre dernière victoire, le président Wilson, ou du moins les États-Unis, dont il serait
alors le truchement, y préludaient avec un commencement d'exécution en forme juridique.

Ce serait quelque chose, par exemple, comme
la remise en vigueur d'un ancien châtiment
réservé aux pirates, tueurs de femmes et d'enfants, et naufrageurs de bateaux, et qui consis-
tait à les pendre haut et court, goudronnés, pour
servir longtemps d'exemple et d'épouvantail.

Les neutres en arrivant là, quelle belle revanche cela nous serait enfin, de leur longani-
mité un peu bien longue !

26 avril.

XLV

Blocus moral.

M'est avis que l'on ne risque pas rop, cette
fois, de passer pour un optimiste incorrigible,
pour un lyrique aux emballements excessifs, en
osant avouer que l'on a quelque plaisir, et même

le regard fleuri, et le cœur ensoleillé malgré nos deuils, devant les œufs de Pâques dont le sort a bien voulu nous gratifier, enfin !

Certes, il nous a déjà souri à plusieurs reprises, depuis tantôt vingt et un mois que durent nos épreuves ; et rien ne saurait nous faire oublier les journées de la Marne, celles de l'Yser, celles de Champagne. N'est-ce pas à ces clairs sourires-là que se rajeunissait toujours le nôtre, manifestant une foi de plus en plus vivace dans la victoire finale méritée par la juste cause dont nous sommes les champions ?

Et, d'autre part, pour cette inlassable foi, pour l'allégresse de nos héros à en être les confesseurs, glorieux d'un tel martyre, il nous devait bien, ce terrible sort, un sourire de plus en plus large, généreux et réconfortant, un dernier sourire, ou du moins un avant-dernier, nous confirmant que les promesses de tous les autres seraient tenues, et nous donnant déjà comme les prémices du goût divin qu'aura le suprême, celui du triomphe.

Eh ! bien, c'est justement cet avant-dernier sourire que nous venons de voir éclore sur ses lèvres, à cet équitable sort, à cet encourageur de notre courage, à ce semeur de nos espoirs, à ce moissonneur de notre prochaine moisson,

endant qu'il nous offrait nos si beaux œufs de
Pâques.

Ah! pour le coup, il n'y a plus à ergoter, à douter de lui, si pessimite que l'on puisse être!
Regardez-les plutôt, et comptez-les, et ouvrez-
les, nos œufs de Pâques! Et dites s'il ne nous a
point traités comme ses enfants chéris, le brave
et souriant papa-gâteau!

Car c'est une pleine corbeille qu'il nous en
donne d'une seule brassée. Et combien ils sont
divers, imprévus, les uns riches, les autres
amusants, tous précieux, même les plus petits,
tous annonçant par quelque chose la bonne nouvelle que vous devinez sans que je la crie.

Il y en a pour les goûts les plus variés. Chacun
y trouvera son affaire. On n'a que l'embarras du
choix. Prenez au hasard dans le tas, et vous verrez si j'exagère.

Que dites-vous de celui-ci, par exemple? Il
contient un vieux perroquet et un jeune putois
dont le premier devait apprendre au second les
mots magiques lui soufflant le génie militaire.
Et après deux mois de leçons, tous les deux pro-
noncent le *Sésame-ouvre-toi* comme s'ils chan-
taient la complainte du *Sire-de-Fiche-ton-camp*.

Et de cet autre? Il contient un fameux feld-
maréchal, réorganisateur de l'armée turque (oh!

l'organisation germanique !) qui, las de chanter
la même complainte, vient d'en mourir, assas-
siné peut-être par ses réorganisés en déroute.

Et de ce troisième? Il en sort l'affiche placar-
dée par la *zwanze* bruxelloise sur la dépêche de
l'agence Wolff relative à la soi-disant prise de
Vaux; et cette affiche délicieusement blagueuse
est rédigée en ces termes : *Les Boches viennent de
faire tuer cent mille cochons pour attraper un veau
qu'ils n'ont toujours pas.*

Mais il y a mieux encore, dans nos œufs de
Pâques, que ces surprises drôlatiques. Il y a de
la féerie et de l'épopée, et qui sont de l'histoire.

Il y a l'ordre du jour où le défenseur de Verdun consacre l'indestructible force du mur vivant
qui en protège les abords, il y a cette page,
écrite par Pétain dans la langue même de ses
poilus, et dont le mot de la fin, gravé ainsi à
même l'airain de nos annales, est leur propre
mot : *On les aura!*

Il y a la prise de Trébizonde, barrant les portes
de l'Asie au rêve du Kaiser mégalomaniaque, et
ouvrant aux Alliés celles de Bagdad et de Constantinople, non plus dans un rêve cette fois, mais
dans une réalité désormais à brève échéance.

Et il y a aussi le débarquement de nos frères
Russes à Marseille, *via* Vladivostock, symbole

quasi miraculeux de la volonté absolue qui
aimante toutes les forces vers le pôle de notre
force, et qui boucle toutes les boucles pour encer-
cler l'Allemagne dans sa bauge assiégée.

Et il y a plus et mieux encore, dans nos œufs
de Pâques, oui, quelque chose à quoi même les
optimistes les moins douteurs ne pouvaient se
douter qu'ils étaient si près d'arriver. Car ils y
comptaient bien, certes, mais dans leur for intérieur, et pour plus tard seulement, beaucoup
plus tard, au point que d'aucuns en auguraient
l'aurore possible au lendemain de notre victoire,
au lendemain, oui, pas avant!

Et cette aurore, voici qu'elle poind aujour-
d'hui. On en perçoit les premiers rayons. Le ciel
en est pâle. Sa face de nuit va s'en illuminer peu
à peu. Cette pâleur est le commencement de
l'aube. Regardez! Regardez!

Elle filtre, l'aube, à travers la fente du dernier œuf de Pâques, reçu hier. La fente s'élargit
déjà. Le rayon qui en émane sera tout à l'heure
une clarté d'or. Regardez! Regardez bien!

A cette clarté, voici ce qu'on peut lire dans le
ciel, tout au bout de l'horizon, comme fatidique
Mané-Thécel-Pharès :

*A moins que l'Allemagne n'annonce immédiate-
ment qu'elle abandonne ses méthodes d'attaques*

sous-marines actuelles, les États-Unis n'auront d'autre choix que la rupture des relations diplomatiques. Ils se voient obligés de le déclarer au nom de l'humanité, au nom des droits des nations neutres.

Merci, ô splendide œuf de Pâques, d'où jaillit cet *ultimatum*, qui sera demain celui de tous les neutres ! Merci, ô grand cri des Muets recouvrant enfin la parole pour proclamer le *blocus moral* de l'Allemagne, et saluer la victoire définitive de l'Aurore sur la Ténèbre !

3 mai.

XLVI

Horoscopes.

Avoir soif de connaître l'avenir, et croire que l'on peut étancher cette soif, voilà sans doute la dernière maladie dont guérira notre pauvre humanité, Il va de soi, par suite, qu'elle y soit en proie plus âprement, et avec des redoublements de fièvre suraiguë, à des époques comme celle où nous vivons, sous un ciel dont toutes les aurores sont grosses de catastrophes.

Aussi ne faut-il pas trop en vouloir, ni à ceux

qui cherchent un calmant quelconque contre une
telle soif, ni à ceux qui prétendent le leur procurer, fût-il déraisonnable. Si des gorges sèches
sont désaltérées un peu par ce vague coco,
même sans réglisse, grand bien leur fasse ! Et
laissons-les boire à la régalade !

Je ne troublerai donc pas votre commerce de
gagne-petit, ô astrologues à la manque, magné-
tiseurs et dormeuses, chiromanciennes, carto-
manciennes, devins et devineresses, voyants et
voyantes par le marc de café, les épingles, la
boule de cristal, le suif de chandelle, et autres
façons de périscoper l'avenir. Ce n'est pas à
vous que j'en ai, humbles marchands d'espérance. Gardez seulement vos prix de guerre,
vendez au rabais, voilà tout ce que je vous
demande.

Bien loin de vous faire tort, je viens au contraire à votre aide, en dénonçant une concur-
rence déloyale dont vous êtes victimes. Je dis
déloyale; car ceux qui la pratiquent à votre détriment se donnent, eux, non point pour des suppôts du mystère, mais pour des logiciens parlant
au nom de la raison. En quoi ils trompent
sciemment leur clientèle sur la qualité de la
marchandise qu'ils lui fournissent.

Et que l'on y prenne garde ! Ceux-là pullulent

de plus en plus. Les journaux en regorgent. Je
dirai même que les journaux les suscitent, comme
s'ils y trouvaient un malin plaisir. C'est à qui,
chez eux, ouvrira une enquête, pour laquelle ils
vous enrôlent presque de force, vous demandant
impérieusement de répondre aux questions que
voici, par exemple :

« Que sera la littérature de demain ?
— Que sera le commerce de demain ?
— Et l'industrie de demain ?
— Et le socialisme de demain ?
— Et la France de demain ?
— Et la femme de demain ?
— Et l'homme de demain ?
— Et la carte d'Europe de demain ? »

Notez que je me borne ici à citer seulement,
sans plus, les divers points d'interrogation que
l'on m'a posés à moi, pauvret. Notez aussi qu'au
premier point d'interrogation seulement, sans
plus, je pouvais sembler capable de satisfaire
couci-couçà, puisqu'il s'agissait de ma *partie* !
Notez en outre que, même sur ce problème spécial, y étant spécialiste, je ne me suis pas cru
autorisé à donner un avis valable ; car du diable si
je sais ce qu'elle sera, la littérature de demain !

Et notez enfin, et surtout, que j'étais encore
plus ignorant, d'une ignorance crasse, touchant

es autres problèmes, où j'ai conscience de mon incompétence absolue, et dont je devais fournir à l'improviste et *ex cathedrâ* la solution, en cinq sec !

Vous pensez bien que j'ai gardé un silence prudent et motivé, voilà qui est entendu. Mais pensez-vous que tous les sollicités aient eu la même prudence, se soient crus empêchés par de semblables motifs ? Non, n'est-ce pas ! N'avez-vous pas lu ici, là, partout et ailleurs, des consultations, éloquentes parfois, j'en conviens, ingénieuses, mêmes profondes, voire sibyllines et prophétiques, et toujours ratiocinant à perte de vue sur... ?

Sur quoi ? Sinon sur ce demain, sur cet inconnu, que nous avons tellement soif de connaître, et dont chacun des interrogés parlait abondamment, et à l'improviste, et *ex cathedrâ*, et tout à trac, comme s'il en avait la science infuse, pleine et entière !

Oh! en toute innocence, je me hâte de le proclamer! Sans y mettre la moindre prétention outrecuidante à se poser en Pic de la Mirandole, bien sûr ! Mais simplement par bonne camaraderie, en confrère que l'on n'interviewe jamais vainement, et qui se ferait scrupule de ne rien répondre à une enquête où on le convie !

N'empêche que le pauvre public, toujours

assoiffé de demain, a bu ce coco-là (je veux dire la consultation) comme il buvait celui des marchands d'espoir à quarante sous la séance! Et cette fois-ci, avec la conviction que ce n'était point le coco du mystère, mais bien le vin des savantes paroles, de la logique et de la compétence, versé doctoralement par la dive bouteille de la raison.

Or ici, je m'insurge! Moi, qui suis un du public quand je lis, je voudrais discuter, m'inscrire en faux contre telle ou telle assertion que ma raison n'encaisse pas. En tout cas, je ne me retiens pas de crier à ce public, dont je suis partie intégrante :

« Public, on te trompe ! Que l'on y tâche ou non, que l'on veuille ou non l'avouer, on te trompe ! Ce que l'on te donne pour des horoscopes dictés par la raison, ce n'est que de l'hypothèse à quoi chacun de tes membres peut opposer la sienne. Et celle-là en vaut une autre. Et pas plus l'autre que l'une ne doit te sembler la seule et unique vérité. »

Même le sagace et presque sorcier H. G Wells, l'auteur des fameuses *Anticipations*, a des chances de se blouser, quand il tire, par exemple, l'horoscope de l'Allemagne après la guerre (voir le *Temps* du 30 avril).

La vraie bonne façon de le tirer, cet horoscope, c'est celle qu'emploient nos poilus, en
tirant des coups de canon, de mitrailleuse et de
fusil.

Et si, en attendant qu'ils aient fini de le tirer
à fond, vous avez toujours soif de connaître l'a-
venir, ô chers lecteurs qui êtes avec moi du
public, n'étanchez pas votre soif aux enquêtes
ouvertes dans les journaux, et allez plutôt,
croyez-m'en, chez les voyants et les voyantes
par le marc de café, les épingles, la boule de
cristal, et le suif de chandelle !

____

10 mai.

XLVII

Yankee-doodle.

Le *yankee-doodle*, si l'on s'en rapporte à l'excel-
lent dictionnaire anglais de mon vieux maître
Alfred Elwall (page 1054), c'est l'air national des
États-Unis.

Et *Uncle Sam*, toujours d'après la même autorité (page 958), c'est le nom familier donné aux
États-Unis se personnifiant par les deux lettres
initiales U S, abréviation de United States.

Cela posé, pour satisfaire les amateurs de précision, ai-je besoin de préciser davantage l'impatience légitime avec laquelle on attend, dans le monde entier, que l'Oncle Sam se décide enfin à chanter le *yankee-doodle*? Et si, d'autre part, je me crois en mesure de calmer un peu cette impatience, si je peux lui fournir, par des indices probants, l'espoir que la décision attendue ne se fera plus désormais longtemps attendre, y a-t-il donc au monde une Censure qui m'en empêchera?

Je ne saurais le penser. Et je vais, au reste, prendre toutes mes précautions contre ses coups de ciseau, fussent-ils les plus inimaginables.

Et d'abord, je ne me servirai ici, pour corroborer mes assertions, d'aucun texte inédit à la nouveauté dangereuse et pouvant effaroucher aucune susceptibilité. Je me contenterai tout bonnement de reproduire des choses publiées ailleurs et dont la traduction même aura déjà été soumise au *visa* officiel.

De ces choses, de ces faits, de ces témoignages, tous authentiqués, je ne chercherai pas non plus à tirer les commentaires qu'ils comportent. Chacun les tirera personnellement, et ainsi sa conviction n'en sera que mieux établie.

Enfin, il va de soi que je ne me laisserai aller

aucune incursion discourtoise dans la politique
intérieure, voire étrangère, d'un grand pays
auquel tous nos respects sont dus, ne serait-ce
que par gratitude pour tant de bienfaits dont sa
charité privée nous comble avec une si géné-
reuse sympathie.

Cela seul, sans plus, pourrait déjà presque
suffire à nous démontrer le désir qu'il a, ce
grand pays, de nous payer toute la dette qu'il a
contractée envers nous jadis. Mais de cela non
plus je ne ferai pas état, la France n'ayant pas
coutume de se poser en créancière.

Ce que je tiens à rendre évident, c'est que ce
désir de la grande République à notre égard,
pour des raisons dont je ne veux point analyser
les causes, est enfin prêt à se manifester en
actes, ou du moins en un acte. Vous savez bien
lequel. Je n'insiste point. Bornons-nous à constater, pour rentrer dans notre sujet spécial, que
l'Oncle Sam a désormais envie, et furieusement,
de chanter le *yankee-doodle*.

Assez bavardé maintenant! Et donnons nos
preuves, tout à trac, sans peur des coups de
ciseau!

Cette irrésistible envie de chanter enfin l'air
national, n'en cherchez pas les indices, les
symptômes, bien entendu, dans les notes diplo-

matiques. Il n'est point d'usage que les chancel-
leries chantent, même quand d'autres chancel-
leries veulent les faire chanter. C'est par les
nations, fût-ce en désaccord passager avec leurs
gouvernements, que sont chantés les airs nationaux.

Or, il n'y a plus à dire non, voici que le
yankee-doodle commence à être assez vivement
fredonné par l'Oncle Sam. Fredonné? Non pas.
Cela ne serait point américain. Les airs favoris,
là-bas, on aime surtout à les siffler. Et on les y
siffle à ravir, vous ne l'ignorez pas.

Eh bien! lisez ceci et comprenez à demi-mot,
si vous savez tant soit peu l'anglais. Rien de
plus savoureux!

« Hisses greeted references to Notes and the
State Department. Hisses mingled with laughter
greeted the mention of the action of the Mayor
of New-York in prohibiting in that city a meeting of the survivors of the Lusitania. »

Mais peut-être ne savez-vous pas assez l'anglais pour comprendre, même à demi-mot. Voici
donc la traduction :

« Des sifflets saluèrent les références aux
Notes et au Département d'État. Des sifflets
mêlés à des éclats de rire saluèrent la mention
de l'acte par lequel le maire de New-York avait

interdit dans cette ville une réunion des survivants du *Lusitania*. »

Cette fois, n'est-ce pas, vous avez bien compris, et mieux qu'à demi-mot?

Et où donc cela s'est-il passé, s'il vous plaît?
Dans quelque bouge du *Far West*, sans doute?
Détrompez-vous! Dans un *meeting* tenu à Boston, lundi soir, à Boston, la capitale intellec-
tuelle des États-Unis.

Et qui donc parlait, dans ce *meeting* d'esprits
cultivés? Entre autres le professeur Thayer et
un ancien adjoint à l'Attorney général des États-
Unis, le grave et distingué M. James Beck. Et
entre autres choses, l'honorable M. Beck a dit
ces paroles, que je traduis mot pour mot :

« Cet immonde crime du *Lusitania* n'a pas
encore été désavoué ni puni, et il ne sera jamais
vengé tant que l'on n'aura point réalisé ceci : que
la tombe liquide du *Lusitania* soit aussi la tombe
pour jamais de la dynastie des Hohenzollern. »

J'arrête la traduction du discours qui finit par
un admirable et véhément appel au *Remember*
américain, à l'*année d'infamie* qu'il vient de
subir, au souvenir qu'il doit en garder, non pas
avec la fière conscience d'une œuvre bien faite,
mais avec l'*humiliant* regret d'avoir laissé sans
la faire une œuvre grande pour l'humanité,

« through the supine inaction, if not mo[re] cowardice, of.... »

En vérité, je n'ose achever, même dans l[e] texte anglais, quoiqu'il ait paru ailleurs, et qu[e] d'autres l'aient traduit, à qui *on* ne l'a pa[s] défendu pourtant.

Encore moins oserais-je vous dire quel nom, comme les Notes, fut salué par les *hisses*, par les sifflets, à Boston !

J'aime mieux m'en tenir à mon interprétation plus courtoise, et ne vouloir entendre dans ces sifflets que la façon américaine de fredonner, et l'Oncle Sam tout près enfin d'entonner le *yankee-doodle*.

Allez-y, Oncle Sam ! Avec neuf que nous avons déjà, cela nous fera dix airs nationaux, pour chanter le *Requiem* du Pangermanisme.

———

17 mai.

XLVIII

A mes amis de là-bas.

Peut-être me trouvera-t-on d'une exigence bien outrecuidante ? Tant pis ! Je lâche mon venin et avoue tout ce que je désire.

Je désire, d'abord, que le présent article ne ressemble pas, *comme un frère*, à celui qui me fut récemment supprimé de bout en bout, y compris le titre.

Je désire même davantage. Je nourris le fol espoir et l'excessive prétention qu'il soit publié intégralement, sans aucune marque blanche, qui lui donnerait un faux air d'hirondelle ou de cheval-pie.

Et cependant, voyez jusqu'où va mon audace, c'est encore des neutres que je voudrais parler! Certes, je n'ignore point combien le sujet, après avoir été toujours délicat, est devenu aujourd'hui particulièrement scabreux; mais ai-je besoin de dire combien aussi cela le rend plus excitant?

Ne fût-ce que par juste orgueil professionnel, sans doute ai-je un peu le droit, à l'occasion, de jouer la difficulté. L'occasion se présente vraiment trop belle pour que je n'en use pas. Allons-y donc!

Aussi bien n'entreprendrai-je ici le procès d'aucun neutre spécialement désigné par son nom. Mettons, si vous le voulez, que le neutre en cause s'appelle X ou Y, comme l'inconnue d'une formule algébrique. Ainsi nous ne saurions risquer d'offenser qui que ce soit.

J'ajouterai même que le neutre auquel je

pense sans en donner d'autre signalement, n'a jamais cessé de m'être extrêmement sympathique. Ayant voyagé dans presque tous les pays de l'Europe, pour ne pas dire tous, je crois bien que celui-ci est un de ceux où j'ai reçu le meilleur accueil, où les esprits sont le plus largement ouverts à nos idées, où j'ai trouvé le plus de cœurs battant à l'unisson du cœur français.

Pour achever d'un trait la figure de ce pays, je noterai enfin que j'y ai conservé des amis qui me restent chers, et qui tels me resteront, quoi qu'il advienne ; car j'ai la certitude absolue qu'ils auront fait tout ce qui était en leur pouvoir afin qu'il n'advienne rien contre nous.

Cela bien posé, bien entendu, c'est à ces amis que je demande la permission, non pas de plaider notre cause, qu'ils soutiennent si vaillamment et si tenacement, mais de défendre leur propre pays, mis en suspicion chez nous par la faute de ceux qui en dirigent avec une habileté trop subtile la neutralité trop compliquée.

Cette dernière phrase a-t-elle trahi l'*incognito* de l'X en question ? Je ne le crois point, sauf pour mes amis de là-bas. Aussi m'autoriseront-ils, j'espère, eux qui lisent entre les lignes, à continuer mon plaidoyer, non *pro domo nostrâ*, mais uniquement pour leur maison, pour leur pays, dont il ne faut pas que le nôtre puisse un jour se désintéresser.

Or, c'est à quoi nous arriverions, très logiquement, et par la force même des choses, si les dirigeants de la neutralité X devaient en pousser les complications subtiles jusqu'à leurs extrêmes limites.

Je m'explique, en suggérant à mes amis de là-bas les raisons qu'il leur serait bon, me semble-t-il, de faire valoir surtout là-bas. Ce n'est pas eux, en effet, qu'il s'agit de convaincre : c'est les autres.

Les autres, comme eux-mêmes, veulent le bien de leur pays, n'est-ce pas? Leur tort, leur seul tort est d'en chercher le mieux, qui est, ils l'oublient trop, l'ennemi du bien.

Essayons de le leur rappeler énergiquement, à ces *réalistes* (comme ils s'appellent) par la réalité même.

Qu'ils aient été obligés, pris entre l'enclume et le marteau, de se dérober le plus longtemps possible à être l'enclume, voilà ce que nous admettons sans peine, et dont nous ne saurions leur en vouloir outre mesure.

Qu'ils aient hésité à plusieurs reprises sur le point de décider exactement lequel des deux champions en lutte était le marteau, lequel fini-

rait par être l'enclume, voilà ce que nous admettons encore, quoique avec un peu de rancœur
pour si peu de confiance en nous. Toutefois,
nous n'en gardons pas rancune, nos pires
heures étant passées.

Qu'ils aient jugé nécessaire d'accumuler
toutes les ressources de leur pays, d'en tirer le
plus de millions possible pour le tenir prêt aux
graves éventualités en perspective, nous le com-
prenons aussi fort bien. Ces millions, n'avions-
nous pas le droit de penser qu'ils serviraient à
nous fournir, le grand jour venu, des frères
d'armes? Sinon le droit, nous en gardions au
moins l'illusion.

Sans doute, ces ressources vendues à nos
ennemis alimentaient leur force, ravitaillaient
leur espoir; mais on nous en vendait à nous
pareillement. C'est proprement le privilège des
neutres, de tenir ainsi la balance à peu près
égale entre adversaires envers lesquels on est
quitte, puisque l'on ne prend parti ni pour l'un
ni pour l'autre.

Et, si nous souffrions quand même que l'on ne
prît pas parti, fût-ce témérairement, pour nous,
ce manque de témérité nous paraissait encore
presque excusable, tant nous restions certains
du bon vouloir secret, mais encore impuissant,

qui viendrait fatalement à la rescousse de notre victoire.

Et enfin, gens raisonnables que nous sommes, ne refusant pas à autrui la passion nationale que nous pratiquons si bien, nous ne discutions pas plus qu'il ne fallait les moyens employés par X pour assurer l'intérêt futur de son pays, même au détriment momentané du nôtre.

Mais aujourd'hui, halte-là! Ce n'est plus au détriment du nôtre qu'il agit seulement, le trop malin X. C'est au détriment de lui-même, voilà ce qu'il faut bien lui dire, et ce que je dis à mes amis de là-bas, pour le lui répéter.

Méchamment? Non, non, pas du tout. Mais, sans plus, *réalistiquement.*

Que si mes amis de là-bas ne veulent pas s'en rapporter, sur ce sentiment, au témoignage d'un simple poète, peut-être ajouteront-ils foi plus aisément à ces quelques lignes, extraites d'une Revue qui compte parmi nos plus sérieuses, et dont je me fais en toute modestie l'humble porte-parole :

« X demeurera-t-il muet et inerte jusqu'au bout? Il a montré trop de prudence pour lui imputer une politique d'erreur et d'abstention plus coûteuse qu'une défaite. Si cette guerre est bien la guerre des droits nationaux contre l'impérialisme, toutes les nationalités qui auront accompli l'effort nécessaire et légitime assureront le triomphe de leurs aspirations. Il n'y aura point de profit pour les simples spectateurs : les timorés et les indifférents n'auront rien à réclamer dans une Europe nouvelle qui se sera édifiée sans leur concours. »

C'est ce que nous traduisons, en argot de Paris, par cette formule, dont mes amis de là-bas goûteront certainement le sel faubourien :

« A vouloir trop ménager la chèvre et le chou, on est sûr de rester chocolat ».

31 mai.

XLIX

Le médiateur.

Soit ! Puisque tout le monde en parle autour de nous, suivons l'exemple qu'il nous donne, ce tout-le-monde impérieux auquel il faut bien obéir ! N'aurait-on pas l'air d'un excentrique, d'un poseur qui tient à se faire remarquer, si l'on n'en parlait pas ?

Parlons-en donc, comme tout le monde, fût-ce après tout le monde !

Mais cependant, d'abord, une question, je vous prie! Oh! une toute petite et simple question, mais qui serait la meilleure excuse à n'en point parler, point du tout, du tout! Et non seulement la meilleure excuse, mais l'unique, l'absolue. Jugez-en plutôt : la voici, cette question!

Est-ce nous autres qui l'avons demandé, le médiateur?

S'il était prouvé que oui, nul de nous ne pourrait honnêtement se soustraire, cela va sans dire, au devoir d'en parler.

Mais ce qui est prouvé, mieux que prouvé, même, ce qui est patent, incontestable, c'est tout juste le contraire : à savoir que nous ne l'avons jamais demandé, nous autres, ce médiateur.

Jamais, à aucun moment, fût-il le plus tragique de ceux que nous avons vécus! Jamais, d'aucune façon, sous aucune forme, ni directement, ni indirectement, voire à demi-mot, par un sous-entendu quelconque! Nous n'avons pas même esquissé l'ombre d'un geste pouvant laisser supposer que nous avions envie de le faire, ou seulement envie d'en avoir envie.

Alors, de quel droit nous obligerait-on à en parler, nous autres, de ce médiateur?

N'importe, parlons-en aussi, nous autres qui ne l'avons pas demandé, parlons-en puisque tout le monde en parle, puisque les muets eux-mêmes en parlent et ne parlent que de lui.

Oui, les muets eux-mêmes ! Que dis-je ? Surtout les muets.

Et nous aurions l'air vraiment trop bête, nous autres, de devenir soudain muets quand ils se décident, eux, à ne plus l'être.

D'autant que, s'ils ont enfin retrouvé la parole, ces excellents muets, ils ne s'en servent pas pour nous exprimer leurs regrets d'avoir gardé trop longtemps sur la langue le bœuf qui les empêchait d'être éloquents en notre faveur.

Le bœuf ne les gênait, en effet, que dans ce cas spécial, quand il s'agissait de nous rendre témoignage, d'affirmer que notre cause était la bonne cause, de protester contre la Force violant le Droit. Pour tout le reste, et notamment pour leurs intérêts particuliers, pour leurs grasses affaires prospérant de nos dures épreuves, ils avaient la langue libre, fort bien pendue, et d'une infatigable loquacité.

Ces muets, en somme, ne l'étaient qu'à notre détriment, et se révélaient très astucieux bavards à leur avantage.

Plus bavards que jamais ils se manifestent maintenant, et plus astucieux aussi, mais jouant toujours le même jeu, c'est-à-dire le leur, qu'ils

ssaient aujourd'hui de nous faire prendre pour
la nôtre. De là leurs nouveaux bavardages touchant le fameux médiateur, dont ils parlent et
font parler tout le monde, afin d'arriver....

A quoi donc, s'il vous plaît ?

A ceci, tout bonnement, qui est le fin fond secret de leur ambition, et qu'ils dissimulent avec
une merveilleuse adresse, et dont ils se défendent même si l'on fait mine de les en soupçonner, à ceci qui serait le comble de leur triomphe
et de notre aveuglement, à ceci qu'il faut illuminer de lettres majuscules :

LE MUET ÉRIGÉ EN MÉDIATEUR....

Oh ! je le sais bien, et je le répète, ils s'en défendent, les muets, et tout particulièrement le
Muet des muets, qui est aussi le Bavard des bavards, et dont je n'écrirai pas le nom, et que
j'appellerai X, quitte à voir mon pauvre X lui-
même changé en blanc, comme un simple
Pierrot.

Et je n'ignore pas non plus que, dans son
propre pays, X est loin d'avoir la presse qu'il
espérait, comme médiateur possible d'une
guerre, dont il prétend que *les causes et l'objet
n'intéressent point ses concitoyens.*

L'immense majorité de ces concitoyens, nous
en avons eu l'assurance donnée par quelques-

uns d'entre eux, et des plus honorables, et des mieux autorisés, ne pense pas là-dessus comme X en personne. Elle estime, elle, que les causes et l'objet d'une telle guerre intéressent au plus haut point, non seulement le pays de X, mais l'humanité entière, et qu'il est honteux et lâche de ne pas voir les choses ainsi, en toute loyauté, en toute justice.

Certes, je ne me permettrais point, moi chétif, moi étranger à ce pays, d'émettre une pareille appréciation. Toutefois, rien au monde ne saurait me défendre de la reproduire, comme elle a été reproduite déjà dans le *Times*, le *Daily Express*, et dans notre grave *Temps*, et d'après des journaux rédigés par les propres concitoyens de X.

Je ne crois pas, en conséquence, faire ici la moindre injure à un grand pays dont les fils eux-mêmes, et les plus éminents, jugent de la sorte celui qui s'imagine en être l'incarnation. Je professe, d'ailleurs, à l'égard de ce pays, l'opinion que l'un de ces juges compétents vient de formuler si magistralement en ces nobles termes :

« Nous sommes le seul peuple qui ait taillé son berceau dans une idée. Aussi n'y a-t-il pas d'esprit plus épris de perfection morale que le nôtre. Nous n'avons pas seulement le goût d'un bien-être, mais le goût de tous les *bien-être*, et, avant tout, de celui que procure la paix de la conscience. En sorte que nous aimons le confort beaucoup plus qu'on ne le croit, et qu'on nous fait du tort en limitant nos appétits. Nous avons toutes les gourmandises, et nous aurions garde de dédaigner cette jouissance suprême que procure la passion du bien. »

... (Censuré.) ...

— Si jamais nous demandions un médiateur, ce ne serait pas Ponce-Pilate ! »

---

7 juin.

L

Triple verrou.

Ils ont vraiment l'illumination et le pavoisement par trop faciles, là-haut, sur les bords de la Sprée !

Certes, nous le savions de reste, après tant de triomphes *à la manque* dont ils se sont déjà régalés, et avec quelle gloutonnerie, ces goinfres de bluff, ces avale-tout-cru de fausse gloire.

Nous avions même pu remarquer le stupide mal-à-propos qui caractérise tout spécialement leurs manifestations en ce genre. Et c'est pourquoi on les avait, sans méchanceté, par pur désir d'exactitude, comparés au Catoblepas qui se broute les pattes et ne s'en doute seulement pas.

C'est, en effet, tout juste les jours où ils n'ont, pour se repaître de gloire, rien à se mettre sous la dent, qu'ils se gavent, avec la plus bestiale voracité, des viandes creuses les moins propres à rassasier leur boulimie de triomphe. On dirait que ces jours-là, où ils devraient plus particulièrement se brosser le ventre, ils les choisissent exprès pour l'exhiber en forme de bedaine surnourrie de gloire à en éclater.

Tout leur est bon, alors, comme aliment capable de faire croire qu'ils en ont jusque-là, et encore davantage. Ils se ruent aux comestibles les plus invraisemblables, et avec quelles délices ils se les assimilent! Tout y passe, communiqués de l'Agence Wolff gonflés par le vent des hâbleries, radios propageant en hâte à travers le monde l'annonce de victoires imaginaires qu'il faudra démentir le lendemain, télégrammes mégalomaniaques du Kaiser en personne pour réconforter quelque Tino défaillant ou l'on ne sait quel Ferdinand perplexe. Tout y passe, puisque tout fait ventre.

Et ils ingurgitent, ils déglutissent, ils se bourrent, ils s'étouffent, ils s'entruchent, ils enflent à vue d'œil. Ils s'en donneraient des indigestions, si cette bâfrée de mou à la sauce bibine pouvait arriver à en causer une autre que de bruyants borborygmes et de piteuses flatuosités, puisqu'elle va de pair, finalement, avec celle dont parle Rabelais, qui a pour substance l'eau de boudin et le brouet d'andouille.

Aussi n'en ont-ils pas d'indigestions, les ripailleurs de fausse gloire qui s'en soûlent ainsi là-haut, sur les bords de la Sprée. Mais, au contraire, ils s'en réjouissent et s'en congratulent les uns les autres, et recommencent éperdument chaque fois qu'ils en trouvent l'occasion, c'est-à-dire, toujours, chaque fois qu'ils devraient le plus logiquement se brosser le ventre, n'ayant aucune gloire réelle à se mettre sous la dent, afin de l'en remplir.

Nous avons constaté la chose trop souvent pour en être encore étonnés, ou seulement en sourire. Rappelez-vous les lendemains de la Marne, de l'Yser, et de notre offensive en Champagne, et de Douaumont, et de Vaux, et de tous les jours composant l'immortel trimestre dont s'enorgueillit notre Verdun, trimestre qui pourra devenir semestre au besoin, puisque chaque semaine s'y termine toujours pour eux en semaine des quatre jeudis.

Nous y sommes donc habitués, aux illuminations et aux pavoisements dont ils accompagnent leurs orgies de triomphe *à la manque*, ces goinfres de bluff, ces avale-tout-cru de fausse gloire.

Quand même, cette fois-ci, vraiment, ils vont trop loin. Sans étonnement, sans ironiser non plus, mais le plus gravement du monde, il est temps de leur dire que l'illumination et le pavoisement, pour le four du Jutland, dépassent toutes les bornes permises de la gaffe.

Soyons sérieux, et mettons-leur le nez, jusque par-dessus les oreilles, dans leur catoblepisme.

La victoire navale des Anglais est la confirmation pure et simple, tout à fait indiscutable désormais, du blocus imposé à l'Allemagne, par mer.

La résistance de Verdun, malgré les monceaux de cadavres accumulés pour complaire au Kronprinz; le recul des Autrichiens qui va se changer en arrêt définitif devant l'Italie, grâce à la nouvelle offensive russe ramenant son fameux rouleau vers Vienne; la conjonction des mêmes Russes avec les Anglais en Mésopotamie, barrant la route de Bagdad et pronostiquant la marche sur Constantinople; le coin enfoncé dans les Balkans par l'armée des Alliés retranchée à Salonique; tels sont, d'autre part, les éléments de la certitude confirmant le blocus imposé à l'Allemagne et à ses suppôts, par terre.

Et voilà déjà deux verrous solides pour lui clore les portes qui auraient pu lui servir à forcer ce double et intangible blocus.

A coup sûr, on n'en saurait plus douter, ces deux verrous suffisaient. Si quelqu'un, parmi les neutres que le bluff germanique a si longtemps époustouflés, manquait encore de foi en ces deux verroux-là, il doit aujourd'hui en reconnaître la force. Les chocs impuissants du bélier allemand contre celui de Verdun certifient cette force. Le fiasco de la flotte allemande entière contre la garde de la flotte anglaise rend le même témoignage. Voilà bien deux verrous que l'Allemagne ne fera pas sauter. Confessez-le, neutres qui hésitiez à y croire. La réalité vous y contraint, n'est-ce pas ?

Mais ce n'est pas tout, sachez-le bien. Et il dépend aussi de vous, de vous seuls, qu'à ces deux verrous, déjà inarrachables par eux-mêmes, vous le constatez, il s'en ajoute un troisième, plus impossible encore à gauchir, si vous le voulez.

Ce dernier verrou, vous auriez pu, je n'ose

dire que peut-être vous auriez dû, le poser vous-
mêmes, au début de cette guerre inexpiable dé-
chaînée contre l'humanité entière.

Ce dernier verrou, c'est celui du blocus moral,
dont un geste unique, fait par l'un d'entre vous,
le plus grand, eût suffi à barrer la porte.

Il est encore temps que vous le fassiez, ce
geste. Un simple geste de protestation au nom
du droit violé, voilà tout.

Et alors, le blocus de l'Allemagne sera bouclé
sous un triple verrou. Elle sera murée dans son
crime. C'est de lui qu'elle se gorgera, la goin-
fresse, à en crever, cette fois, pour de bon.

Et, ce jour-là, c'est le monde, pour de bon
aussi, qui pourra pavoiser et illuminer.

------

14 juin.

LI

Témoins.

Certes, n'en doutez pas, c'est vous, c'est bien
vous, c'est encore vous que j'interpelle, témoins!

Et je ne me lasserai point de le faire; et personne, dans le monde entier, ne saurait se lasser
non plus d'entendre qu'on le fasse; et il sera et

en doit être ainsi tant que vous ne serez pas enfin lassés vous-mêmes, vous, d'être ces témoins-là.

Quels, donc? Ceux que vous êtes, hélas! Et qu'il retombe sur vous seuls, ce triste et peut-être menaçant hélas!

Oui, ceux que vous êtes. Les étranges témoins dont vous avez réalisé la nouvelle et chimérique figure, sorte de monstre moral propre à déchaîner les rires, s'il n'allumait pas tout d'abord les indignations!

Des témoins, en effet, qui ont vu tout ce qu'il y avait à voir, et qui font mine de n'avoir point vu!

Des témoins qui continuent à tenir les yeux grands ouverts, à les écarquiller pour tout voir encore, éperdus d'attention, et dont le regard continue à demeurer vide comme un regard d'aveugle!

Des témoins chez qui aucune vision, fût-elle fulgurante, ne détermine aucun cillement, fût-il furtif!

Des témoins, enfin, qui semblent employer toute leur énergie, et mettre toute leur gloire, à ne témoigner de rien, jamais!

Oui, voilà ce que vous êtes, absolument, témoins chimériques et cependant réels. Cela, et pas autre chose.

Et tenez-vous le pour dit. Sans colère, quoi

qu'il ait y sujet d'en avoir. Sans ironie non plus, quelque envie qu'on en ressente. Mais dit en toute franchise et en toute vérité.

Et dit, non seulement par nous autres, mais bien par l'humanité entière, dont nous sommes le porte-parole devant l'obstination de votre coupable silence.

Et dit aussi, qui plus est, par votre conscience elle-même. Oui, par elle, par la vôtre, à vous, témoins.

Car vous avez beau vous y entêter de plus en plus (*perseverare diabolicum*), dans votre péché du silence, témoins qui ne voulez témoigner de rien, elle a parlé malgré vous, votre conscience, et elle a témoigné pour nous et contre vous-mêmes, elle, à voix claire et haute.

Témoins, c'est-à-dire peuples qui assistez en spectateurs à notre duel de vie ou de mort, il n'est pas un seul d'entre vous qui ne l'ait entendue, cette voix de sa conscience. Nous ne l'ignorons pas. Nous l'avons aussi entendue, quand elle parlait à chacun de vous, par la bouche de quelques élus servant de cratères à sa révolte.

L'explosion, par exemple, l'éruption d'un Roosevelt, a su être assez violente pour que le bruit en soit venu jusqu'à nous par-dessus l'Atlantique.

Et ainsi, connaissant ce que pense la conscience des peuples, nos objurgations ne vont pas à eux personnellement. Elles s'adressent aux trop prudents pasteurs de ces peuples, aux étouffeurs des grands et nobles cris poussés par quelques élus, elle s'adresse à ceux que leurs propres concitoyens ont appelés eux-mêmes, là-bas, des conseillers de couardise.

Les voilà, eux seuls, eux et leurs pareils chez les autres peuples spectateurs de notre duel, les voilà, les témoins étranges, les témoins coupables, les témoins qui ne veulent témoigner de rien, jamais, les témoins que j'interpelle et qu'il ne faut point se lasser d'interpeller.

Et c'est à eux que nous disons, sans déclamation vaine, sans menace autre que celle du sort suspendu sur leurs têtes :

« Témoins, l'heure est venue enfin de rendre témoignage. Vos peuples vous le demandent plus impérieusement encore que nous. Si vous tenez à en être les authentiques et dignes représentants, il n'est que temps de vous y mettre. En persévérant à garder le silence, ce n'est plus vous seuls, c'est eux que vous risqueriez de déshonorer. »

Et notre sommation, pour oser se faire si catégorique, a les raisons que voici :

Le premier, l'essentiel devoir, de témoins assistant à un duel, c'est de protester contre tout acte déloyal commis par l'un des adversaires en présence.

La violation de la neutralité belge était-elle un de ces actes? Il demeure incontestable que oui.

Le massacre de gens sans armes, le bombardement aérien de villes ouvertes, le torpillage de navires servant au transport de passagers neutres, étaient-ils aussi des actes du même genre? Il est non moins évident que oui.

Si ces actes déloyaux n'ont pas été tout de suite dénoncés comme tels par les témoins, ce silence coupable n'eut-il pas pour cause la terreur qu'inspirait le combattant déloyal? Ceci non plus ne saurait être mis en doute.

Cet effet de terrorisation se produit-il aujourd'hui avec la même intensité, qui pouvait (à la rigueur, et en y mettant toute notre indulgence) expliquer et peut-être même excuser le silence imposé aux témoins par les conseillers de couardise?

Ici, nous ne voulons pas nous permettre de formuler nous-mêmes la réponse, et nous en laissons de grand cœur le soin aux seuls spectateurs du duel, sans doute plus capables que nous de la fournir, pourvu que ces témoins consentent enfin à témoigner sur ce qu'ils voient et ne peuvent pas, les yeux grands ouverts, ne point voir.

Et voilà bien pourquoi, cette fois-ci, nous les sommons de témoigner.

Sur quoi? Sur la déloyauté de notre adversaire? Non, puisque c'est fait déjà.

Sur notre bon droit, sur la justice de notre cause, qui est celle de toute l'humanité menacée par la terreur germanique? Non plus. Car cela, pareillement, est établi.

Mais uniquement sur ce fait : la couardise et le silence sont-ils encore de mise chez les témoins, après la résistance de Verdun, la déconfiture de la flotte allemande, et la débâcle autrichienne?

Témoins, c'est à vous de témoigner. La voix de votre conscience est enfin libre du bâillon. Qu'elle parle! Qu'elle disqualifie le duelliste apache! Qu'il soit au ban du monde!

Nous ne demandons pas davantage. Mais nous le demandons, et ferme! Nous y avons bien droit, n'est-ce pas, témoins?

LII

Triptyque.

Ceci est un triptyque. Autrement dit, si je m'en rapporte à la définition donnée par le premier dictionnaire venu, c'est une sorte de tableau, peint sur trois volets, dont deux se replient sur celui du milieu.

Comme exemple unique où le vocable se trouve cité, mon dictionnaire ajoute qu'il existe de magnifiques triptyques flamands. A quoi l'on aurait mauvaise grâce de contredire.

Je n'infirmerai donc en rien sa très judicieuse remarque. Je me permettrai seulement d'y adjoindre celle-ci : à savoir qu'il existe d'autres triptyques non moins magnifiques, en dehors des flamands.

Et je pousserai même l'outrecuidance jusqu'à prétendre que celui-ci, celui dont je vais vous faire les honneurs, égale et peut-être surpassera en magnificence les plus magnifiques entre les magnifiques. Et je suis certain à l'avance que vous serez tous de mon avis.

Et cependant, c'est un bien modeste triptyque, celui-ci, à en juger d'abord sur les apparences. Lisez plutôt son humble signalement, dont voici les traits caractéristiques.

En premier lieu, il n'est même pas encore achevé. Deux volets seulement en sont peints. Le troisième reste à peindre.

Puis, et c'est bien là le pire, les deux volets qui sont peints ne le sont pas en couleur. Ils sont peints à l'encre.

Mais le pire du pire, c'est que cette encre est de l'encre allemande. Disons tout! Les deux volets exécutés portent cette mention : *Made in Germany*.

« Et voilà le triptyque que vous voulez nous faire admirer?

— Parfaitement. Ne vous fâchez point! Un peu de patience! Commencez par regarder les deux premiers volets finis.

— Mais puisque le troisième n'est pas seulement esquissé!

— C'est vous qui en serez les peintres, et qui ferez ainsi du triptyque un chef-d'œuvre. »

Il y aura tantôt une année, parut en Allemagne un ouvrage intitulé *l'Avenir du droit des gens*. L'auteur est Autrichien et s'appelle François de Lizt. Mais c'est à Berlin qu'il est devenu célèbre, comme professeur à l'Université impériale et royale du Kaiser.

Il y est professeur de droit. Vous voyez d'ici ce qu'il peut entendre par ce mot, et quelle est sa philosophie de la guerre. Mais sans doute avez-vous oublié ce qu'il en dit, dans cet *Avenir du droit des gens*, qui est un des Évangiles du Pangermanisme.

Voici son rêve, qui constitue proprement le premier volet du triptyque :

La paix future devra être la continuation de la guerre, par d'autres moyens. Car une contrée immense, telle que jamais on n'a vu la pareille dans l'Histoire, une contrée s'étendant de la mer du Nord au golfe Persique et à l'Océan Indien, aura tout entière les mêmes intérêts militaires et les mêmes besoins politiques. Nous devrons donc, pour les défendre, être constamment en armes, et les défendre, s'il le faut, en attaquant nos ennemis.

Suit le tableau paradisiaque de cette paix armée, qui fleurira sous l'hégémonie allemande.

La fusion de notre pensée scientifique avec la poésie orientale donnera naissance à une civilisation nouvelle, d'une richesse inouïe en couleurs et en races, et par laquelle sera réalisé le DIVAN ORIENTAL ET OCCIDENTAL *de Gœthe.*

C'est pour régir cette civilisation que l'extatique professeur, se souvenant de sa chaire berlinoise, inaugure le nouveau droit des gens, qu'il appelle avec pompe : *la plus grande conquête de la guerre actuelle.*

Ainsi parla Zarathoustra, ou du moins sa dernière incarnation, voilà tantôt un an, lorsqu'il peignit à l'encre le premier volet du triptyque, lequel, écrit par un Autrichien professeur à l'Université de Berlin, est ainsi doublement *made in Germany.*

Passons au second volet terminé, tout juste ces jours-ci, après les trois mois devant Verdun, la défaite honteuse du Jutland, et la foudroyante reprise de l'offensive russe.

Ce second volet n'est point l'œuvre d'un seul artiste. Il est de plusieurs mains. Notons-en quelques touches des plus noires, des mieux appuyées, prises au hasard parmi les coupures de quelques journaux ennemis.

On n'a que l'embarras du choix, même sans choisir, en citant au petit bonheur; et il n'est pas besoin de lire entre les lignes.

L'un, le *Fremdenblatt*, de Hambourg, à propos de Verdun, par exemple, n'y va pas à demi-mots, mais tout à trac avoue carrément que la prise même de la ville n'a aucune importance, et qu'il s'agit de savoir *si la guerre apportera un bénéfice quelconque, et si ce bénéfice vaut le prix dont on l'aura payé.*

L'autre, de Cologne, intitule son grand article du dimanche : *Pas encore au but !* et conclut en déclarant que *c'est l'avenir même de l'Allemagne qui est en jeu.*

A quoi bon insister ? Ces deux traits-là ne suffisent-ils pas ? Surtout si l'on veut bien noter qu'ils sont fournis par les organes les plus farouchement pangermanistes de la Germanie !

Notez, en même temps, et surtout, ce fait-divers, dans un coin de tous les autres journaux : la mort de von Moltke ! Oui, lui, l'auteur du plan d'attaque brusquée violant la neutralité belge ! Lui, le grand vaincu de la Marne ! Lui, le propre neveu du vieux Moltke ! Et frappé d'apoplexie pendant l'oraison funèbre de von der Goltz !

Quels noms symboliques ! Quels signes de l'écroulement où vont s'effondrer le rêve du professeur, la civilisation nouvelle avec le nouveau droit des gens, et les paradis pour lesquels était en partance le fameux train Berlin-Bagdad !

Ainsi se présente le second volet du triptyque. Avouez qu'il ne se présente pas trop mal, à nos yeux de civilisés vieux jeu, hypnotisés jusqu'à la mort par l'ancien droit des gens !

Eh bien ! et le dernier volet, celui sur lequel doivent se replier les deux autres ?

Celui-là, ne le voyez-vous donc pas poindre,

sur la table blanche de demain? N'est-ce donc
pas vous, nous, nos coups de la fin, qui vont en
être les peintres? Ne le sentez-vous pas en train
de naître?

Ah! le beau, l'immortel chef-d'œuvre, que le
triptyque enfin achevé! Et n'est-il pas vrai que
les plus magnifiques triptyques flamands pâli-
ront devant sa magnificence?

O noble Flandre, tout entière debout, tu seras
la première à le rugir par la glorieuse gueule de
ton lion ressuscité.

Mais je m'arrête! Je vais encore me faire traiter d'optimiste.

28 juin.

LIII

Optimiste.

Quoiqu'il tire son origine du latin *optimus*,
lequel signifie *bon au superlatif*, je n'étais pas
sans de fortes appréhensions, depuis quelque
temps, sur le triste sort qui me semblait guetter
cet honnête et excellent vocable.

Hélas! c'est une famille qui a déjà eu, comme
on dit, des malheurs!

On sait de reste avec quelle impitoyable ironie Voltaire, dans son *Candide*, a raillé le système philosophique dont lé nom est l'*Optimisme*, et dont la maxime essentielle affirme que tout est pour le mieux dans le meilleur des mondes possibles. Par sa façon d'appliquer cette maxime aux événements qui la justifient le moins, ce pince-sans-rire de docteur Pangloss n'a-t-il pas rendu à tout jamais ridicule le mot *optimisme*?

Quand même, lui, sòn frère cadet, le mot *optimiste*, avait continué à tenir bon. Un peu de son étymologie lui demeurait. Les dictionnaires enregistraient, à sa louange, cette définition qui n'avait rien que d'honorable :

Optimiste, *celui qui voit généralement les choses par leur bon côté.*

Et néanmoins, je le répète, j'étais inquiet pour lui depuis quelque temps. Dans les conversations et jusque dans certaine presse, on le sentait se dévoyer peu à peu. Il s'éloignait chaque jour davantage de sa vraie signification. Il prenait un sens de plus en plus péjoratif. On n'avait pas besoin d'être un bien grand clerc pour prédire à coup sûr qu'il s'acheminait d'un pas rapide vers l'heure déplorable où il allait mal tourner.

Eh bien! voilà, c'est fait! Le pauvre diable de

mot est devenu aujourd'hui, couramment et décidément, il n'y a plus à en douter, une injure.

Croire, de tout son cœur, à notre victoire certaine, essayer de faire partager cette foi aux malheureux qui ne l'ont pas, et leur en donner les raisons, ce n'est point, paraît-il, agir en bon Français, c'est tout simplement se payer de phrases et vouloir en payer autrui, et mentir ainsi à ces autres et à soi-même, et finalement être un *optimiste*.

Refuser toute compromission avec ceux qui parlent d'une paix quelconque, pourvu qu'elle soit à brève échéance; prouver, par des arguments irréfutables, que cette paix, honteuse pour nous, serait pour nos ennemis une trêve avantageuse leur permettant de préparer une nouvelle guerre où ils auraient en mains plus d'atouts encore qu'ils n'en avaient cette fois-ci; affirmer qu'ils ne les ont plus désormais dans leur jeu, ces atouts formidables, leurs cinquante ans d'assidue préparation, leurs plans d'attaques brusquées et successives, tout ce que nous avons brisé, tout ce à quoi nous avons trouvé parade et riposte; dire cela et ne vouloir penser qu'à cela, et en réconforter nos espoirs et en cuirasser de plus en plus nos certitudes avec des réalités, c'est n'être rien qu'un *optimiste*!

Soit ! J'accepte l'injure, maintenant que l'on sait de quoi l'on m'injurie en me traitant d'*optimiste*. Je l'accepte avec joie. Je remercie ceux qui me la boutent au visage. Ce n'est pas un buisson d'épines que j'y sens : c'est une gerbe de roses dont le parfum me grise.

Et, donc, je continue à l'être, de plus belle, cet *optimiste* !

Est-ce donc, au reste, avec des phrases, comme disent les malveillants, que l'on a besoin de s'exciter à l'être? Non pas. La pâture et le tonique, le pain et le vin qu'il y faut, c'est aux faits, à eux seuls, que nous les demandons.

Or, ils sont là, les faits, ils surgissent plus nombreux, plus convaincants, plus suggestifs chaque jour. Il n'y a qu'à les regarder en face pour en être illuminé, non seulement à pleins yeux, mais encore à plein cœur, et surtout à pleine raison. Au point où en sont les choses aujourd'hui, être *optimiste* n'est même plus une question de sentiment, de foi patriotique ensemble et humanitaire : c'est une question de constat, c'est un problème de mathématique dont tous les éléments accumulés et désormais connus imposent la solution.

Même si Verdun devait tomber, ce qui n'est pas démontré encore, sa chute ne changerait rien aux résultats acquis par sa résistance de quatre mois. Ce résultat, c'est que *tous* nos alliés ont enfin eu le temps de faire *tous* leurs préparatifs pour la suprême offensive, pour l'assaut décisif contre l'Allemagne, bloquée, sans espoir d'aucun secours extérieur.

Que l'offensive russe soit lancée, voilà un fait indéniable. Que la contre-attaque italienne soit aussi le début de cette offensive, voilà un autre fait dont rend témoignage le recul autrichien dans les Alpes. Que la *misérable petite armée* de French soit maintenant une énorme cataracte d'hommes prête à choir de tout son poids sur le mur occidental de la forteresse germanique, voilà encore un fait devant quoi l'on est forcé de s'incliner. Et que ces trois faits soient en connexion intime, absolue, avec le fait de notre offensive à nous, voilà enfin une vérité qui emplit tout le ciel.

Et qui donc m'empêchera, quand je la contemple et la montre, de rester, éperdument et raisonnablement, *optimiste*?

Ah! certes, je le suis plus encore, s'il est possible, que je ne le fus jamais. Et je plains quiconque, en ce moment précis, s'obstine à ne point l'être. Aveugle qui a des yeux pour ne rien voir! Sourd qui a des oreilles pour ne rien entendre! Aliéné qui a une logique pour ne rien conclure!

Y en a-t-il donc chez nous encore, de ces aveugles, de ces sourds, de ces déments lamentables? Sans doute, puisqu'ils en sont arrivés à faire de ce brave mot *optimiste* une injure.

Eh bien! pour leur rendre la vue, l'ouïe et la raison, qu'ils lisent du moins ces quelques lignes écrites, non pas par un patriote, un chauvin Français, mais bien par un Allemand, par Maximilien Harden, dans le dernier numéro de sa fameuse *Zukunft* :

« Quelle sottise que celle des conservateurs et des pangermanistes affirmant que les Alliés sont déjà vaincus! Qui donc est vaincu? Est-ce l'Angleterre? Est-ce la France qui, depuis 1914, conserve des positions essentielles? Les Allemands qui ne veulent pas s'illusionner peuvent-ils considérer comme battus les Russes, au lendemain de leurs grands succès en Arménie et en Galicie? Nos-ennemis ne perçoivent jamais la vraie voix de l'Allemagne, mais seulement la voix de quelques fous qui crient fort derrière le Berger. Si nos ennemis entendaient ce que veut, non pas Pierre ou Paul, mais le peuple allemand, nous serions plus près de la paix. »

Avez-vous compris, cette fois, vous qui ne

compreniez point ? Le voyez-vous à plein, maintenant, de quel côté sourit la victoire ? Est-ce
donc là-bas, ou bien ici ?

Que si vous croyez encore m'injurier en me
traitant d'*optimiste*, soit, allez-y ! Plus fort,
boutez-le-moi plus fort au visage, votre buisson
d'épines. Je n'en respirerai que mieux les roses.
Et avec quelles délices !

5 juillet.

LIV

Autres atouts.

Car nous n'en sommes pas à court, Dieu merci !
Ah ! fichtre, non ! Et c'est même, plutôt, tout le
contraire.

Rassurez-vous, d'ailleurs, ô douteurs têtus qui
vous obstineriez à ricaner encore quand on parle
déjà de partie gagnée. On ne va pas vous crever les yeux et le tympan avec les atouts dont
il était question la dernière fois, et qui, depuis
lors, se sont abattus si glorieusement sur le tapis
rouge de nos espérances changées de plus en
plus en certitudes.

La besogne serait, en vérité, par trop commode. On n'abusera pas des beaux résultats obtenus en une semaine, pour vous prouver l'excellence de ces atouts qui sont nos poilus et leurs chefs, et la continuation de l'offensive russe, et la mise en train de l'offensive anglaise, même quand on se borne à la qualifier modestement de simple pesée.

Les autres atouts, dont on veut vous entretenir aujourd'hui, et que notre foi tient en réserve contre votre doute, s'il vous en reste, sont de figure moins splendide, on l'avoue. Ils sont quand même considérables, comme vous allez voir.

Et je ne vous en montrerai qu'un seul, au surplus, un seul entre plusieurs. Mais regardez-le bien, je vous en prie, et tirez-lui respectueusement votre bonnet.

Il en est digne. C'est un as.

Ouvrez un atlas, à la page où est la carte de l'Afrique.

Procurez-vous le dernier numéro de l'excellent journal hebdomadaire l'*Opinion*, et prenez la peine, ou plutôt le plaisir, d'y lire avec attention la fin d'une étude écrite par notre confrère M. André Fribourg, et consacrée à ce que les Allemands appellent *Deutsch-Ost Afrika*.

A la clarté de cette étude, vous vous rendrez compte de ce que l'impérialisme mondial germanique rêvait dans cette Afrique, de ce qu'il y avait réalisé déjà, de ce qu'il pouvait logiquement y espérer.

Ce rêve, cette quasi-réalisation, cet espoir presque certain d'aboutir, ce n'était ni plus ni moins que la conquête de l'Afrique centrale pour la colonisation allemande, pour le commerce allemand, pour la puissance, la richesse et la gloire de nos ennemis.

Oui, même si ces ennemis ne nous avaient point fait la guerre. Que dis-je? Surtout s'ils ne nous l'avaient point faite.

Et vous apprendrez aussi que ce rêve grandiose est désormais un rêve mort, que cette conquête ne leur est plus possible, aux Allemands, fût-ce en rêve, puisque ce paradis de l'Afrique centrale, ils en sont chassés à jamais.

Certes, à jamais! Comment, en effet, y pourraient-ils rentrer, au Paradis perdu, dont les portes maintenant auront pour séraphins aux glaives de feu les Alliés?

Qu'ils aient espéré ce retour par une paix précoce, honteuse pour nous, avantageuse pour eux seuls, voilà qui est indubitable! Ils avaient des gages contre nous, à échanger contre celui-là que nous avions contre eux. Mais cette paix-là, nous n'en avons pas voulu. Leurs gages, on est

en train de les leur reprendre. Le nôtre, nous [ne]
le rendrons point. Quoi qu'il arrive, on le gar-
dera.

C'est bien, pour eux, incontestablement, le
Paradis perdu.

Tel est, entre autres atouts que nous tenons
en réserve, celui dont je vous avais dit qu'il
était un as. Avouez que le mot n'exagérait rien.

Mais peut-être, gens de peu de foi, lamentables
douteurs qui vous complaisez dans votre doute,
peut-être n'êtes-vous pas encore assez convaincus. Je vous entends marmonner :

« Quand sera-t-on en mesure de le jouer, cet
atout suprême, cet as si longtemps tenu en
réserve ? Pourra-t-on seulement le jeter sur la
table ? Ne devra-t-on pas se contenter de le garder, comme une fiche de consolation, inutili-
sable ? »

Et votre dernier doute eût douté avec quelque
vraisemblance, je n'en disconviens pas, si la
guerre d'usure avait dû se prolonger indéfiniment, s'il avait fallu y mettre un terme par cette
paix boîteuse qu'ils ne cessent de souhaiter et
qu'ils baptisent toujours paix *honorable*.

Mais puisque nous n'admettons pas, nous, ce
baptême, puisque nous refusons leur paix, puisque nous ne sommes point usés, même à Verdun

après quatre mois d'assauts, puisque notre inépuisable résistance sur ce nœud gordien de la
guerre a donné à la Russie et à la Grande-Bre-
tagne, et à l'Italie, et au monde entier, le temps
de se reprendre, de se tendre, de ne vouloir rien
entendre sinon que l'Allemagne est bloquée,
murée, assiégée, et qu'elle s'use, elle, tandis
que nous pouvons, nous autres, nous refaire
sans cesse !

Puisque leurs gages sont branlants dans leurs
mains et doivent finir par leur échapper ! Et
puisque les nôtres, en Afrique, et non seulement
là, mais dans tout le monde colonial, ne feront
que se consolider chaque jour davantage !

Puisque, fatalement, cela ne peut pas ne pas
être, toutes les portes de tous leurs Paradis perdus ayant pour seuil la mer, et la mer étant avec
nous, à nous, au reste du monde qui les vomit !

Alors, vous le voyez bien, douteurs, que vos
doutes aussi, il faut les vomir, vos derniers
doutes, s'il vous en reste encore sur le cœur.

Mais quoi ? Vous en reste-t-il donc un seul,
l'ombre d'un ? En vérité, je me refuse à le croire.
On ne rétipole pas contre *deux-et-deux-font-
quatre*.

Et c'est bien pour vous acculer à cela, pour
vous convaincre par votre propre raison en me

donnant raison, que je n'ai fait appel ici ni à votre sentiment, ni à votre reconnaissance envers nos héros, ni même à votre patriotisme.

Non! Je vous ai soumis des faits. Je vous ai priés de constater leur évidence. Je vous demande d'en tirer vous-mêmes les conclusions, puis, de ces conclusions détaillées, une conclusion générale.

Et je suis certain que vous la formulerez tout naturellement, par la force des choses, en criant avec nous, non seulement qu'*on les aura* (car ce n'est plus assez dire), mais bien qu'*on les a*.

------

12 juillet.

LV

« Souvenez-vous! »

Ce nom, cet impératif, qui sonne tout ensemble comme une devise, comme un cri de ralliement, et comme un mot d'ordre, c'est le nom porté par une Ligue. Et je ne cacherai pas plus longtemps que, si j'en parle ici, c'est pour solliciter qu'on y adhère.

Qui? Le plus de monde possible. Et faut-il dire le fin fond de ma pensée? Je voudrais que ce fût, et il me semble que ce devrait être, absolument tout le monde.

Quoique fondée depuis peu, d'ailleurs, et bien qu'elle se soit constituée jusqu'à présent par une sorte de recrutement oral et amical, sans grand tapage, la Ligue *Souvenez-vous* est déjà une association nombreuse, agissante et puissante.

Une colonne entière du journal ne suffirait pas à reproduire la liste des hautes personnalités qui lui ont tout d'abord témoigné leur sympathie efficace en y entrant, non seulement à titre honorifique, mais bien comme réels et ardents collaborateurs.

Rien que dans son Comité de patronage et dans son Comité directeur, elle compte, en effet, par exemple : le président du Sénat, le président de la Chambre, quelques anciens ministres, trois ambassadeurs alliés, des sénateurs, des députés, de grands publicistes, industriels et commerçants, des bâtonniers, et des médecins célèbres, force savants, écrivains et artistes, plusieurs appartenant à l'Institut, et aussi quelques femmes illustres, dont la première inscrite fut Mme Juliette Adam.

Je n'ignore point qu'il existe à l'heure actuelle beaucoup de ligues. Je n'aurai pas le mauvais goût d'insinuer qu'il y en a peut-être quelques-unes de trop, puisque chacune, je le reconnais, a été créée dans les plus louables intentions et avec la certitude qu'elle répondait, comme on dit, à un besoin. Tout ce que je me permets de faire observer, c'est que bien peu d'entre elles peuvent se flatter de posséder un état-major supérieur au nôtre.

Cela constaté, on ne saurait m'en vouloir si j'essaie de recruter pour cet état-major une armée qui soit digne de lui. Et telle est la raison qui me dicte le présent appel. D'autant que cette armée d'adhérents, elle est toute prête à se lever ; il n'y a qu'à lui faire signe pour qu'elle se dénombre et s'enrôle.

Cette armée, en effet, je ne crains pas de l'affirmer à nouveau, c'est et ce doit être, absolument tout le monde.

La preuve, brève et convaincante, va tout de suite vous en être fournie par la lecture de quelques lignes, sans plus, sans discours ni même commentaires, les quelques lignes que voici, prises dans les statuts, très sommaires au reste, de la Ligue :

ARTICLE PREMIER.

Il est fondé à Paris, sous le titre « SOUVENEZ-VOUS », une association ayant pour objet de perpétuer, en France et dans le monde entier, le souvenir des crimes commis par les Allemands au cours de la guerre 1914-1916 et de prévenir le retour de pareils forfaits.

ARTICLE 3.

L'association fait appel à tous les concours, à toutes les bonnes volontés, sans distinction de partis ni d'opinions. Elle s'interdit, d'ailleurs, toute discussion politique ou religieuse.

N'est-il pas vrai, n'est-il pas évident, que ces deux articles, à eux seuls, sont faits pour entraîner l'adhésion complète et immédiate des raisons et des cœurs, de toutes les raisons et de tous les cœurs ?

A quiconque en douterait, si la chose était possible, ne serait-on pas en droit de répondre, non seulement qu'il est un mauvais Français, mais qu'il est aussi un homme se mettant lui-même au ban de l'humanité ?

J'ai promis que je ne ferais, sur ces deux articles, ni discours, ni même de commentaires, et je tiendrai ma promesse. Toutefois, rien ne saurait me défendre de constater, comme n'importe qui peut et doit le faire, que les crimes commis par les Allemands pendant cette guerre inexpiable sont des crimes contre toutes les lois dites divines et humaines; rien n'est capable de me contraindre à les oublier : tout m'impose, au contraire, l'obligation de m'en souvenir, et d'en perpétuer la mémoire, même chez ceux qui tenteraient de la laisser s'éteindre; et tout me force à proclamer que c'est là l'unique travail par quoi sera rendu impossible et sera tué pour jamais le retour de pareilles abominations.

C'est donc bien un fait que j'énonce, et pas autre chose, quand je prétends que la Ligue *Souvenez-vous* a d'avance, et ne peut pas ne pas avoir, comme adhérents, absolument tout le monde.

Resterait, si j'en avais la place, à dire comment la Ligue compte s'y prendre pour atteindre le but qu'elle se propose. Elle en a longuement et minutieusement étudié les voies et moyens, qui sont en nombre, et divers, et qu'elle tâchera de son mieux à mettre en œuvre, avec l'aide de ses collaborateurs.

Sans entrer dans le détail des projets déjà suggérés, ou même en cours d'exécution, je me bornerai à citer notamment : les livres, les brochures, les albums, les images, les bouquins de classe, d'étrennes, de prix, le théâtre, les commémorations, les anniversaires, les pèlerinages.

Il va de soi que la Ligue ne pourra suffire par elle-même toute seule à tant d'entreprises, et à bien d'autres encore dont les idées surgiront et foisonneront dans les imaginations inventives de ses adhérents. Elle s'y attend de reste, à ce surcroît de besogne, puisqu'elle veut avoir l'adhésion de ce fameux monsieur Tout-le-Monde, lequel possède, on l'a dit à juste titre, infiniment plus d'esprit que Voltaire.

En attendant qu'il le prouve, ce dont elle ne doute point, elle lui demande avant tout de venir à elle, de s'enrôler dans cette armée qu'il lui faut pour combattre le bon combat d'après-guerre. Le bureau de recrutement, c'est-à-dire le siège de la Ligue, est au 167, de la vieille et ardente rue Montmartre.

Qu'ils s'adressent là, ceux qui désirent tous les renseignements nécessaires ! Il leur sera répondu. Et ils répondront à leur tour, j'en suis certain, par la levée en masse du *Souvenez-vous* !

LVI

Robert-Macaire et Bertrand.

Quand Robert-Macaire et Bertrand se regardent en chiens de faïence et se chantent pouilles l'un à l'autre, c'est signe que leurs affaires ne vont pas au gré de leurs désirs. Et quand leurs affaires en sont là, il y a du bon pour les honnêtes gens.

Réjouissons-nous donc; car en ce moment même, un moment qui dure d'ailleurs depuis tantôt quelques semaines et qui a tout l'air de vouloir se prolonger, le torchon brûle, et ferme, entre Robert-Macaire et Bertrand. C'est pour nous, on peut le dire, on doit le dire, un véritable feu de joie.

Mais assez parlé en métaphores. Venons aux faits, et enregistrons méthodiquement les preuves d'un désaccord, témoignant un prochain désarroi. Les moins optimistes, eux aussi, devant un pareil constat, seront bien obligés de faire chorus avec la joie légitime que nous en tirons.

Ce constat, en effet, nous est fourni par qui?

Par nos deux lascars eux-mêmes, dont les paroles, les actes et les gestes, constituent des aveux en clair.

Et ce sont pourtant de fins matois, nos deux lascars. Soit dit sans vouloir déprécier l'ancien Robert-Macaire et l'ancien Bertrand, de romantique et légendaire mémoire, les nouveaux ont du toupet, de l'astuce et de la défense à en revendre. Jugez-en plutôt!

Le premier, surnommé dans l'intimité *le cher Bernard*, et qui fut ambassadeur, ministre, chancelier de l'Empire, n'est ni plus ni moins que le prince de Bülow. Le second, dont le sobriquet fameux appartient déjà aux archives de l'Histoire, c'est le chancelier actuel, M. de Bethmann-Hollweg, autrement dit *Chiffon-de-papier*.

Certes, pour deux malins, en voilà deux, et de qualifiés, et même d'illustres, n'est-ce pas? Excusez du peu.

Mais quoi? Si malins qu'ils puissent être ou se croire, et de quelques titres qu'ils soient affublés, Robert-Macaire et Bertrand ne sont jamais que deux accusés devant un tribunal Et quand Robert-Macaire et Bertrand en arrivent à vouloir s'y manger le nez, ils finissent toujours, comme dit l'argot de la pègre, par *manger le morceau*.

Il semble bien que, cette fois, ce soit Bertrand qui ait commencé.

A moins, quelques-uns le prétendent, que ce ne soit Robert-Macaire.

Et cette incertitude même a son éloquence. Elle signifie sans doute que tous deux sont coupables. Au moins en ceci : que ni l'un ni l'autre n'a été le grand homme dont l'Allemagne avait besoin.

Tel n'est certainement pas l'avis du prince de Bülow, en ce qui le concerne. Éloigné du pouvoir quand la guerre a éclaté, il n'a pas eu l'occasion de se révéler grand homme. Mais il estime qu'il aurait pu l'être, puisque, malgré l'insuccès de sa mission diplomatique en Italie, il se pose aujourd'hui comme candidat à la Wilhelmstrasse.

Bertrand, d'autre part, s'obstine à garder le poste et s'en croit digne. Néanmoins, il se fait défendre, contre son concurrent possible, par de bien piètres arguments, desquels il résulte surtout qu'il n'est pas non plus, tout compte fait, le grand homme en question.

Que lui importe, pourvu qu'on reconnaisse l'incapacité de Robert-Macaire à recevoir, lui aussi, les honneurs et la charge de l'apothéose ?

Et n'est-ce pas à cette très piteuse conclusion

qu'aboutit, en définitive, le plaidoyer de la *Gazette de Cologne* pour le pauvre Bertrand? Car voici comment, sous prétexte de soutenir l'un aux dépens de l'autre, elle les renvoie tous les deux dos à dos :

Il est clair, dit-elle, *que le chancelier actuel n'est pas un Bismarck; il est parfaitement clair aussi que nul n'est indispensable. Mais jusqu'à ce qu'on nous présente un candidat ayant la confiance du peuple entier et en même temps le choix de l'empereur, il serait insensé de changer d'attelage en plein torrent, et juste à l'heure où ce torrent est le plus impétueux.*

Que Bertrand se considère ainsi comme solidement réinstallé dans les brancards, et que Robert-Macaire rue de plus belle dans les roues pour que le char verse, voilà ce qui reste établi, en somme; mais que tous les deux soient traités en rosses, comparés au Bismarck introuvable, voilà ce qui reste mieux établi encore.

Et, comme vous le voyez, on ne le leur envoie pas dire. On le leur crie en pleins naseaux, afin qu'ils n'en ignorent, les pauvrets !

Tant pis pour eux, après tout! D'autant que, finalement, c'est tant mieux pour nous, qui ne laissons pas tomber l'aveu dans l'oreille d'un sourd, n'est-ce pas?

Et non seulement cet aveu, mais encore quelques autres, échappés de-ci de-là au cours de la bagarre qu'a suscitée la chamaillerie entre Robert-Macaire et Bertrand. Que de morceaux ils ont mangés, les deux compères ennemis, sans le vouloir, ou en le voulant peut-être !

Serait-ce avec inadvertance, par exemple, que M. Bethmann-Hollweg, pour se couvrir, aurait laissé découvrir le Kaiser lui-même, que la *Gazette de Cologne* représente comme responsable du relâchement apporté à l'action sous-marine?

Serait-ce par hasard, et sans calculer la portée de ses paroles, que le prince de Bülow aurait affirmé la possibilité d'éviter la guerre en 1914? Ne se doutait-il pas, vraiment, que cette affirmation très catégorique équivalait à une absolue condamnation de cette guerre?

Ah! c'est qu'il casse volontiers les vitres, lui, le prince de Bülow! Cette guerre, qu'il n'a point eu à diriger, n'aboutissant pas aussi vite et aussi bien qu'elle aurait dû le faire, il ne saurait se gêner pour le dire, et à tue-tête.

Dame! Bertrand est dans son emploi quand il ruse, tergiverse, fouine, flatte tour à tour les Hobereaux et les Socialistes. Mais Robert-Macaire ne tient pas son emploi d'une façon moins magistrale, et le sien consiste à être cynique.

Aussi, en publiant une nouvelle édition de son livre *la Politique allemande*, le prince de Bülow ne manque-t-il pas d'y ajouter quelques retentissantes formules propres à montrer que lui seul était capable de déclarer cette guerre quand il le fallait, et de la mener comme elle devait être menée, vers son but réel et unique, le triomphe du Pangermanisme intégral par l'usage absolu et exclusif du militarisme allemand.

Ce militarisme, écrit-il, *est l'expression même de la nation. Toutes les classes du pays s'unissent, se fondent et communient en lui qui est à la fois monarchique, aristocratique et démocratique.*

Il confesse, en outre, ou plutôt proclame, que le monde entier, désormais, hait l'Allemagne, et que, pour se défendre à l'avenir contre cette haine, l'Allemagne a besoin d'une paix avec annexions, avec indemnités, avec garanties.

Quelles garanties, donc? Quelles, sinon l'anéantissement de la France, de la Russie, de l'Angleterre, de l'Italie, de la Serbie, de la Belgique, des trois quarts de l'Europe, quoi?

Ah! bénie soit-elle, cette dispute entre Robert-Macaire et Bertrand, puisqu'elle nous a permis d'entendre des choses pareilles, et de faire voir ainsi jusqu'au fin fond l'âme allemande dans tout son imbécile et féroce orgueil?

Comment! Ils en sont encore là, même au bord de l'abîme?

Merci, Robert, de ne point nous l'avoir caché! Merci, Bertrand, d'avoir forcé l'autre à manger le morceau jusque-là!

Et s'il reste encore au monde quelqu'un qui ne veuille pas aller contre l'Allemagne jusqu'au bout, qu'il ose donc, celui-là, lever la main!

26 juillet.

LVII

Les mauvais pasteurs.

Tout d'abord, voilà tantôt presque une semaine, quand je lus pour la première fois, dans un journal marseillais, cette abracadabrante information, je la qualifiai ingénument de galéjade.

Elle me sembla même un peu forte, un peu trop, même comme galéjade, et même avec l'excuse d'être née sur la Cannebière. Songez donc! C'était quelque chose de plus gros encore et de plus épais que la fameuse histoire de la sardine géante obstruant l'entrée du Vieux-Port. Et en outre, pour tout dire, je n'y trouvais pas, à mon gré, le grain de sel attique dont on a coutume d'assaisonner là-bas jusqu'aux plus énormes plaisanteries.

On y sentait plutôt comme une sorte de *humbug* à l'américaine. La précision dans les détails, l'abus des références garantissant l'authenticité, certains artifices typographiques mettant les textes en valeur avec une insistance excessive, tout décelait un humoriste selon les procédés Edgar-Poesques ou Mark-Twainiques.

On commençait, en effet, par donner la source de l'information, attribuée à une feuille allemande, les *Dernières Nouvelles de Munich*; et la date du numéro où elle avait paru était exactement fournie.

On continuait en citant l'auteur de la susdite information, et les titres qu'il avait à être une autorité respectable, et même vénérable. Il ne s'agissait de rien moins que d'un pasteur. Et quel pasteur! Le révérend Dott, aumônier en chef d'une division militaire. Comme qui dirait un général parmi, ou plutôt à la tête de, les autres pasteurs, ses collègues.

Un général! Bouffre! Saluez!

Et, son information sensationnelle, d'où la rapportait-il, ce général religieux, en qui l'on pouvait et devait avoir toute confiance? Oui, d'où la rapportait-il, je vous prie?

D'où? Du front, parbleu!

On ne disait pas lequel, sans doute. Rapport au secret professionnel militaire, évidemment. Mais, quand même, c'est bien du front qu'il la rapportait, n'est-ce pas? Du front en personne, voilà, pas moinsss?

Tout cela posé, solidement établi, comme un socle inébranlable, on dressait sur ce socle la statue de l'information annoncée; et cette statue, finalement, était celle du Kaiser surgissant au milieu d'un groupe de ses aumôniers en campagne, et leur faisant un sermon.

Suivait le texte du sermon, en style évangélique approprié aux circonstances.

Un pastiche fort bien rédigé, au reste. Un excellent *à la manière de....* Car on sait que l'impérial cabotin n'en est pas à ses débuts comme prédicant. Des photographies anciennes nous l'ont déjà exhibé, sur le pont de son yacht, donnant à ses matelots des matinées dominicales où *il jouait les pasteurs.*

Avouez-le, quoique drôlatique à souhait, l'histoire, publiée ainsi par notre confrère de Marseille, était plus forte encore que celle de la sardine. Et, en tout cas, on ne pouvait la prendre que pour une galéjade.

Eh bien! non. L'histoire était véridique. Aucun détail n'en est imaginaire. La séance a eu lieu. Le sermon a été prononcé. Le mauvais pasteur a dit les paroles qu'on lui prête. On en a aujourd'hui la certitude absolue.

Il a bien fallu se rendre à l'évidence. Non seulement les *Dernières Nouvelles de Munich*, mais d'autres feuilles allemandes, ont reproduit l'information. Non seulement le journal marseillais, mais nos plus graves journaux aussi y ont pris matière d'articles. *Le Temps*, par exemple, en a fait un premier-Paris. C'est tout dire.

À coup sûr, l'histoire n'en devient que plus drôlatique; mais, selon l'expression de la philosophie, drôlatique *en soi*. Ce qui la rend telle, c'est son invraisemblance jointe à sa réalité.

N'empêche que je l'aimais mieux, tout compte fait, sous sa figure de galéjade trop grosse. On pouvait alors, même en la jugeant d'un goût douteux, y trouver quelque joie, comme à une caricature excessive.

Mais du moment que la caricature prend corps et âme dans un portrait, du moment que l'histoire drôlatique est celle d'un drôle en chair et en os, du moment que cette invention monstrueuse, à la fois folle et grotesque, s'érige sous l'apparence vivante d'un monstre, en effet, d'un grotesque et d'un fou, constituant un être réel, dont l'existence est une menace pour celle de l'humanité entière, qui donc pourrait avoir encore le cœur à en rire?

Ayez toujours présentes à l'esprit les paroles du Seigneur. Prenez exemple sur ce qu'il a fait et dit. Mais il faut le connaître à fond. Il faut vivre avec lui.

Ainsi, parlant à des pasteurs, et avec la prétention de leur dicter leur devoir, s'est exprimé dans son sermon le pasteur en chef, le mauvais pasteur.

Et pas une de ses ouailles ne lui a répondu :

« Où et quand le Seigneur a-t-il dit et pratiqué les paroles de l'Évangile sanglant que tu nous prêches? »

Nous avons besoin d'un christianisme pratique qui modèle sa vie sur celle du Christ.

Ainsi a palabré le mauvais pasteur qui a fait incendier Louvain, bombarder la cathédrale de Reims, torpiller le *Lusitania*, massacrer des femmes et des vieillards, violer des adolescentes et des mères, couper les poignets à des enfants.

Et pas un des pasteurs qui l'écoutaient n'a eu le courage de lui demander si cela est l'essence du Christianisme pratiqué par lequel on modèle sa vie sur celle du Christ.

Non, aucun n'a protesté. Tous, et le pasteur

divisionnaire en tête, le Révérend Dott, tous ont opiné du bonnet avec le geste qui signifie *amen*.

Tartuffe au prix de qui l'ancien Tartuffe a l'air d'un saint, ou bien inconscient en qui se résume toute la stupidité allemande, le mauvais pasteur s'est écrié à un moment, sans doute sur un ton mélodramatique de bas cabotin déclamant en voix sombrée :

Si le Seigneur apparaissait soudain au seuil de cette salle, oseriez-vous le regarder les yeux dans les yeux ?

Et nul des pasteurs ainsi interpellés n'a ouvert le Livre où est racontée l'histoire du Christ (*Jésus, la bonté même, comme dit la complainte*), chassant les vendeurs du Temple à coups de fouet. Et nul ne s'est écrié :

« S'il entrait chez nous, les mauvais pasteurs, c'est nous, et toi le premier, qu'il chasserait, et jusqu'en enfer, et non pas même à coups de fouet, car ce serait encore trop noble pour nous et pour toi, mais en nous crachant son mépris au visage. »

Et cette assemblée de lâches, présidée par un aliéné, s'est terminée sans doute en oraisons, tandis que le massacre des hommes continuait éperdument sur la terre entière.

Rire de cela, le peut-on, vraiment? A moins
que le rire ne se crispe en rictus de vengeance
et de haine contre les mauvais pasteurs, et
contre leur chef, le prêcheur en eau trouble!

————

21 août.

LVIII

Verdun.

Quand, où, pourquoi, par quel concours de
circonstances visibles ou occultes, se produit
cette réalité irréelle, absolument contraire, semble-t-il, à toutes les lois de la raison, mais dont
l'existence est constatée par la raison elle-même,
et qu'ainsi l'on est bien obligé, sans autre explication possible, d'appeler un miracle?

Quel mystère préside à l'éclosion qui en sur-
git, soudaine, foudroyante, d'une foi nouvelle et
unanime?

Cette fleur étrange, à peine éclose, de quelle
sève est-elle gonflée dès sa naissance même,
sève assez miraculeuse, elle aussi, pour que
l'on en pressente, et que déjà l'on en sente
presque, le plein et triomphal épanouissement?

Car les gestes instinctifs par lesquels se

d'abord cette foi se manifeste, on les voit, tout d'abord aussi, transformés comme en des rites, sur quoi peut-être va se fonder une religion.

Que dis-je? Le temps seul que l'on en parle, de ces gestes et de cette foi, et voilà que la religion est fondée, qu'elle a ses fidèles, ses dévots.

Et cela, sans qu'il soit besoin de savants, d'historiens, de penseurs, d'exégètes, pour élucider ou embrouiller les problèmes, pour y chercher des solutions plus ou moins plausibles.

Oui, le premier venu d'entre nous tous, les Français que nous sommes, qui avons pendant si longtemps laissé croire au monde tant de mal que nous disions nous-mêmes sur nous-mêmes, contre nous-mêmes, et qui néanmoins, au faire et au prendre, avons su et pu être cette France que voici!

Quelle France? Celle envers qui le monde professe aujourd'hui l'admiration due aux miracles accomplis par elle, à celui de la Marne, à celui de l'Yser, à celui des tranchées, à celui d'une défensive que l'on croyait impossible pour elle et dont elle a fini par faire une offensive générale, marchant d'un pas chaque jour plus alerte vers la victoire certaine.

Quelle France? Celle qui pendant deux ans a

tenu tête, patiente, tenace, jamais lassée, impro-
visatrice de génie, saignée à blanc, mais quand
même souriante, contre une machine de guerre
organisée depuis un demi-siècle en vue de
l'anéantir.

Quelle France? Celle qui a donné à ses alliés
le temps de lever des soldats, de les armer, de
les instruire, et qui les encourageait, par son
exemple, à ne point désespérer de l'avenir,
puisqu'elle y croyait, elle, et le prouvait, sans
vaines clameurs, ni fanfaronnades, ni même son
panache habituel, mais avec la sérénité modeste
de son sublime entêtement.

Quelle France? Ah! celle de Verdun, oui,
celle-là surtout.

La France, dont la porte a résisté six mois aux
coups de bélier les plus durs ayant jamais battu
forteresse en brèche; la France qui a muré cette
porte avec les poitrines de ses enfants et qui a
vu s'écraser contre ce mur vivant tant de cer-
velles boches; la France, que le kronprinz
croyait assiéger tout entière par le siège de
Verdun; la France qui va maintenant l'enfoncer,
chaque jour plus aigu et plus profond vers le
cœur de l'Allemagne, ce Verdun miraculeux,
clou d'acier, coin de diamant.

Verdun! Oui, de tous nos miracles c'est celui-là, sans doute, qui confond le plus terriblement l'imagination. De pareil à lui, il n'en est pas dans aucune histoire.

Ni Valmy, où les volontaires de 1792 promulguèrent à l'Europe l'Évangile des Droits de l'homme.

Ni Bouvines, où Philippe Auguste, avec les gens de nos Communes, mit en déconfiture l'empereur germain Othon.

Ni les champs Catalauniques, où furent balayés de la Gaule les premiers Huns, ceux dont le kaiser, un peu plus grand que le Bonnot d'aujourd'hui, avait nom Attila, le fléau de Dieu.

Ni Pourrières (*campi putridi*), où Marius et les Romains laissèrent pourrir par terre six cent mille Teutons.

Ni même Marathon et Salamine, de classique mémoire, les deux joyaux de l'histoire hellénique, au temps où Athènes avait une histoire et Pallas-Athéna pour conseillère.

Non certes, rien au monde ne saurait tenir en face de Verdun. C'est ce que diront demain les annales de la gloire dans le panthéon de l'humanité. Et c'est ce que dit, aujourd'hui déjà, la foi de la civilisation, que la France vient d'arracher à la barbarie par Verdun.

Et voilà pourquoi la religion nouvelle, pour

premier article de cette foi, pour la confession honorant la France, a salué, pieusement, nom : Verdun.

C'est dans un élan spontané des cœurs, que naquit, à Londres, au cours d'un repas, devenu ainsi comme une Cène sacrée, ce geste initial de la foi qui venait d'éclore. Au nom de Verdun que prononçait quelqu'un, tous les convives se levèrent, les larmes aux yeux; et le silence se fit, grave, profond, reconnaissant, extatique.

On communiait en Verdun.

Depuis, le geste, né par hasard et d'instinct, s'est répété, propagé, sans mot d'ordre! Mais dans le même sentiment religieux, le geste s'est transformé en rite.

La religion nouvelle, dont le miracle fondateur a été fait chez nous, par nous, c'est la religion de la justice vengeant le droit, de la lumière anéantissant les ténèbres, de l'amour supprimant la haine.

Et la porte de ce paradis sur terre s'appellera Verdun.

TABLE DES MATIÈRES

79 277. — Imprimerie générale Lahure, rue de Fleurus, 9, Paris

DERNIÈRES PUBLICATIONS

Collection in-18 jésus à 3 fr. 50 le volume

AICARD (JEAN), *de l'Acad. française*
Des Cris dans la mêlée 1

ACKER (PAUL)
L'Oiseau Vainqueur, roman (9e m.) 1

AGHION (MAX)
A travers l'Europe sanglante. Ill. . 1

BARBUSSE (HENRI)
Le Feu, roman (71e mille). 1

BONNIER (GASTON), *de l'Institut*
En marge de la Grande Guerre. . . 1

BOUTET (FRÉDÉRIC)
Celles qui les attendent. 1
Victor et ses Amis (4e mille) 1

CAMI
Les mystères de la Forêt-Noire,
roman héroï-comique 1

CHARRIAUT (H.)
La Belgique Terre d'héroïsme (5e m.) 1

CHARRIAUT (H.) ET L. AMICI-GROSSI
L'Italie en guerre 1

COLIN (Lt-COLONEL)
Les grandes batailles de l'Histoire
De l'antiquité à 1913 (6e mille) . . 1
Les Transformations de la Guerre
(6e mille). 1

DANRIT (CAPITAINE)
La Guerre souterraine 1

FARRÈRE (CLAUDE)
Quatorze Histoires de Soldats (20e m.) 1

FINOT (JEAN)
Civilisés contre Allemands (4e m.) . 1

FOLEŸ (CHARLES)
Sylvette et son blessé, roman (5e m.) 1

FORGE (HENRY DE)
Ah! la belle France! (3e mille) . . . 1

FRAPIÉ (LÉON)
Les Contes de la Guerre (3e mille) . 1
Le Capitaine Dupont (4e mille) . . . 1

HIRSCH (CHARLES-HENRY)
Mariée en 1914, roman (6e mille) . . 1
Chacun son devoir, roman (6e mille) 1

LE BON (Dr GUSTAVE)
Enseignements psychologiques de
la Guerre européenne (24e mille) . 1
Premières conséquences de la Guerre 1

LOTI (PIERRE), *de l'Acad. française*
Quelques aspects du vertige mondial (15e mille) 1

MACHARD (ALFRED)
La Guerre des Mômes (3e mille) . . 1

MAËL (FRED CAUSSE-)
L'Ile qui parle 1
L'Ame d'un Canon 1

MANDELSTAMM (V.)
La Cosaque, roman (4e mille) 1

MARGUERITTE (PAUL), *de l'Acad. Goncourt*
L'Embusqué, roman (30e mille) . . . 1
Contre les Barbares 1914-1915 (5e m.) 1
L'Immense Effort. 1915-1916 (4e m.) 1

NION (FRANÇOIS DE)
Pendant la Guerre, roman (4e m.) . 1
Son sang pour l'Alsace…, roman (4e m.) 1
Les Décombres, roman (3e mille) . . 1

PÉLADAN (JOSÉPHIN)
La Guerre des Idées 1

RICHEPIN (JEAN), *de l'Acad. française*
Proses de Guerre (4e mille). 1
La Clique. 1

RICHET (CHARLES)
Les Coupables 1

ROSNY AÎNÉ (J.-H.), *de l'Acad. Goncourt*
Perdus ?, roman (5e mille) 1

TIMMORY (GABRIEL)
La Colonelle von Schnick (3e m.) . 1

6206. — Paris. — Imp. Hemmerlé et Cie. 3-17.